サービスの国際化とマーケティング

― モノつくり大国からサービス大国へ ―

村上 薫 編著

五絃舎

序　文

　本書は国際マーケティングやサービス・ビジネスのマーケティングを学びたい学生のための教材および国際ビジネスに関心がある社会人並びに起業して海外進出を考えているアントレプレナー（起業家）たちが国際ビジネスの実際を理解できるように構成してある。

　本書の執筆者にはこれからの日本を背負って立つ若手の研究者に事例研究執筆を依頼したことも特徴である。ただし，最初にお断りしておかなければいけないことはサービスの範囲はあまりにも広範であり，紙幅の制約上，全てのサービス・ビジネス分野を網羅できていないこと，また取り上げていない概念や説明不足の部分を多数あることをお断りしておきたい。

本書の構成の特徴：
第1部：理論編・・・第1章，第2章そして第3章
　マーケティングやサービスの基礎および国際マーケティングの基礎の理解に焦点。
第2部：実践編・・・第4章，第5章，第6章，第7章そして第8章
［アニメの国際化とマーケティング］第4章
　日本の「アニメ」の国際化サービス・マーケティングに焦点を合わせている。世界に誇る日本のアニメの海外進出事例は将来のサービス・ビジネスの国際化にいくばくかの参考になるだろう。
［ベンチャー的国際化とマーケティング］第5章，第6章そして第7章
　カンボジアと台湾がキーワード。編著者の現在の関心である新興国ビジネスの中で「カンボジア王国」への進出および「おもてなし」文化の台湾進出を題材にした事例が掲載されている。
［ヒトの国際化とマーケティング］第8章
　グローバルな人材移動に公的施設はどのようなサービスを提供するかの事例

を取り上げている。

　本書は極力平易なわかりやすい文章で書く事に務めた。一般的に学術論文は難解な専門用語を駆使して権威付けするような印象をもたれており，一般の実務家や学生には敬遠される傾向があると聞く。本書は読者が理解しやすいように，また役立つ内容にしたつもりである。本書は講義テキストに使用することも念頭に置いているため，最新のデータによる分析など講義課題で利用できる部分は意図的に除いている，また読者がさらに深く関連専門書で学習できるように配慮してある。

　本書はサービス・ビジネスの国際マーケティングがテーマである。サービスに関する書籍は数えられないほど存在する。インターネット書籍販売の大手であるアマゾン（日本版）で取り扱っている和書を検索すると，「サービス」では284,184件ヒットした。「サービスマネジメント」または「サービス・マネジメント」では，それぞれ1,237件，1,236件ヒットした。そして「サービス・マーケティング」では1,052件ヒットした。一方，「サービスの国際化」，「サービスの国際マーケティング」または「サービスの国際化」では，そのものずばりの書籍は存在しない。「サービスマーケティングの国際化」でもヒットしない（2013年4月13日検索）。言い換えれば，サービスの国際マーケティングを正面から取り上げた書籍は存在しないか，ごく少数であると推測できる。

　最後に，本書を公にするにあたり，編著者の社会学的視点を喚起してくださった関西学院大学名誉教授の倉田和四生先生に第1にご報告いたしたいと思います。先生には学部2回生から大学院まで指導していただき，媒酌人まで快く引き受けてくださったこと，編著者が企業派遣でアメリカの経営大学院留学時には激励会を開いていただき，また企業を辞めて独立した時から現在までご心配いただき，幾度となく食事をご一緒させていただくなど長年に渡り公私共々お世話になりましたこと，心から感謝いたしております。次に，このたび

追手門学院大学を定年でご退職された米倉穣先生には学会の仲間として国際経営・中小企業・ベンチャー研究の経営学的視点で長年ご指導いただきましたこと感謝致しております。編著者が国際マーケティングに関連する書籍を出版するきっかけは関西ベンチャー学会設立後の「国際化研究部会」の主査である米倉先生との出会いと10年間の研究会でのご指導があったからであります。同時に編著者が常任理事・学会誌編集委員長として運営に協力している関西ベンチャー学会で，編著者が主査を務める「海外ビジネス展開研究部会」に参加された方々にも厚くお礼申し上げます。そして研究半ばで本年5月に逝去された，編著者の大学の同級生で関西学院大学教授永田彰三君（本書の執筆者2人のお父上および桑原博士の恩師）には生前たいへんお世話になりましたことを厚くお礼を申し上げたいと共に心からご冥福をお祈りします。またアメリカ留学時のInternational Marketingの教授でもあり，毎週深夜までビールを飲みながら日米企業の国際マーケティングを議論した友人でもあったDavid Morris Jr.（故人）にも感謝いたします。心からご冥福をお祈りいたします。
　そして本書の執筆者でもある追手門学院大学経営学部松井温文先生には執筆や印刷の注意点を丁寧にご教示いただき原稿を点検していただいたことを厚く御礼申し上げます。また原稿の完成が遅れたにもかかわらず，我慢強く原稿のチェックをしていただいた出版社 株式会社 五絃舎社長の長谷雅春さんには執筆者を代表して厚く御礼申し上げます。最後に私事ですが，毎晩深夜まで執筆に付き合ってくれた妻および家族にも感謝いたします。

　平成25年晩秋　宝塚歌劇団と手塚治虫記念館で有名な宝塚市にて

村上　薫

著者紹介（執筆順，*は編者）

松井温文（まつい あつふみ）：第1章・第7章
　現在：追手門学院大学経営学部
　専門：マーケティング

村上　薫（むらかみ かおる）*：第2章・第3章・第4章1節・第5章・第6章

桑原圭裕（くわばら よしひろ）：第4章2節
　現在：関西学院大学文学部（芸術学博士）
　専門：映像学・アニメーション研究・マンガ研究
　執筆：『現代映画思想論の行方－ベンヤミン，ジョイスから黒澤明，宮崎駿まで－』
　　　　（共著）など

永田彰子（ながた あきこ）：第4章3節
　　　　関西学院大学大学院社会学研究科博士課程前期課程修了，トロント大学留学
　現在：ロンドン大学大学院フィルムスタディーズ研究科博士後期課程在学中（総合政策
　　　　学士・社会学修士）
　専門：フィルムスタディーズ・アニメーション
　執筆：「『シンプソンズ』とアメリカ－架空の街スプリングフィールドの家族を通して
　　　　見るアメリカ社会－」など

永田祥子（ながた しょうこ）：第8章
　現在：広島大学大学院教育学研究科博士課程後期課程在学中，コロンビア大学大学院
　　　　留学（国際教養学士・教育学修士）
　専門：アメリカ教育
　執筆：「アメリカにおける『落ちこぼれを作らないための初等中等教育法』（NCLB法）
　　　　に関する一考察－マイノリティの児童生徒への教育の取り組みと課題－」など

目　次

序文

第1部　理論編

第1章　マーケティングの歴史的変遷 ——————— 13
　第1節　マーケティングの変遷　13
　第2節　マーケティングのサービスへの適用　23
　第3節　サービス・マーケティングの登場　24
　第4節　海外へのマーケティングの展開　26
　第5節　テキストが対象とするサービス　27

第2章　サービス・マーケティングの基礎理論 ——————— 29
　第1節　"サービス"とは何だろうか？　29
　第2節　サービスとマーケティング　32
　第3節　サービスの類型　39
　第4節　サービス・マーケティング・ミックス　41
　第5節　顧客満足，顧客価値とサービス・マーケティングの役割　47

第3章　サービス・ビジネスの国際化とマーケティング ——— 55
　第1節　サービス・ビジネスの理解　55
　第2節　サービス・ビジネスの類型　57
　第3節　国際化について　59
　第4節　サービス・ビジネスの国際化　61
　第5節　サービス・ビジネスの国際化の加速要因と阻害要因　65
　第6節　サービス・ビジネスの国際マーケティング戦略　68

第2部　実　践　編
－ベンチャー的国際化とマーケティング－

第4章　世界へ行く日本のアニメ ─────────── 81
　第1節　日本のアニメビジネスの国際化　　81
　第2節　「アニメの魅力の源泉」　　92
　第3節　『ザ・シンプソンズ』の特徴から探るアニメーションの魅力　105

第5章　カンボジアへ行く病院 ─────────── 117
　第1節　医療サービスの国際化の概要　　117
　第2節　日本の病院の海外展開のモデル　～カンボジア進出の例～　121

第6章　カンボジアへ行く日本ブランドの野菜 －JFPの試み－ ── 129
　第1節　日本の農産物海外展開：輸出概況　　129
　第2節　日本の農産物海外展開のマーケティング的課題　　131
　第3節　カンボジアへ行く日本野菜　　133

第7章　台湾へ行く「おもてなし」－加賀屋の試み－ ─────── 143
　第1節　宿泊業界の現状　　143
　第2節　老舗旅館の特徴　　144
　第3節　宿泊施設の国際化　　145
　第4節　加賀屋の試み　　146

第8章　ニューヨーク公共図書館における
　　　　　移民サービスとしての教育プログラム ─────── 151
　第1節　図書館における教育プログラムへの取り組み　　151
　第2節　図書館の"約束"　　152
　第3節　文化施設の役割と地域の特性　　153
　第4節　移民サービスとしての英語教育プログラム　　154
　第5節　ニューヨーク公共図書館における
　　　　　英語教育プログラムについて　　156
　第6節　教育プログラムのプロモーションについて　　157
　第7節　先行研究の概観　　158

第1部
理論編

第1章　マーケティングの歴史的変遷

第1節　マーケティングの変遷

1．マーケティング登場以前

　マーケティングはいつ頃登場したのかという最も基本的なことから出発しよう。マーケティングとは実践的な意味を強調すれば、「商品の企画・生産から消費者の手に渡るまでの諸活動」と言えるのではないか。ワットによる蒸気機関の発明によって、工場の生産量は飛躍的に拡大した。イギリスに始まる産業革命を基盤とする資本主義社会が発達する。このような社会経済が登場する以前、各家庭で生産したモノを集めていた家内制手工業の段階であったとしても、また、そのような時代背景に関係なく、街角にあるパン屋や洋服屋、さらには農家であっても、商品を生産する者はその販売をどうすればよいか考える。それらの経済主体のおこなう活動を全てマーケティングと呼ぶならば、マーケティングが無限大に拡散することになる。もちろん、実践的にはこのような事実は当然であり、何も問題にはならない。

　ただし、マーケティングを学ぶ際、これを限定的に捉えることは重要となる。もちろん、それ以外の実践されているマーケティングから学ぶことも豊富にある。そうではあっても、一定の共通の理解をするためにはマーケティングが最もその性格を顕著に発揮する場面や段階・状況を限定して分析することが重要となる。様々な実践場面において活用する際の有効性を高めるためでもある。例えば、稀なケースでの魅力あるマーケティングを学んだとしても、それを実践に応用・適用する際、様々な外部・内部環境要因が異なるため、そのまま実施すれば、成果が十分に得られない可能性は高い。特殊な事例に過ぎなかった

という結果になる。そのような問題を少しでも解決するため，分析されるマーケティングの背景やその内容を誰もが十分に理解できるものにしなくてはならない。当然に，実践される場面・状況は学び得たマーケティングとは異なる。しかし，学習したマーケティングが十分に理解されていたならば，実践される場面・状況に合わせて具体的な内容を調整することは可能である。ある外部要因の影響は無視できるので，もっと積極的な活動がおこなえるとかある内部要素が弱いため，この活動にはより多くの費用を投入すべきだとかを論理的に検討することが可能になる。経験や勘に頼るマーケティングも有効かもしれないが，企業の成長発展，従業員の生活の安定を確保しなくてはならない経営管理者やマーケティング担当者は不確実性を少なくしようとする。そのための科学的・合理的な判断材料としてのマーケティングが求められる。

では，私達が学ぶべきマーケティングとは何か。もちろん，その後に発展的なマーケティング，個別的マーケティングを学ぶことは当然にある。まずは資本主義社会の登場から説明をする。資本主義による大量生産体制そのものがマーケティングを登場させたのではない。これがマーケティングを理解する第一歩となる。大工場を所有する資本家はより多くの利益を獲得しようとする。資本主義は全ての国民に経済的な成長の機会を提供するが，資本家はその強大な資金による優位性を発揮しながら突出した成長を遂げていく。生産設備や生産システムを向上させ，ますます大量の商品を生産するようになる。その大量生産された商品をどのように販売するのかを経営者は考える。この段階であってもマーケティングは存在したと実践的な意味を強調すれば言える。しかし，何度も繰り返すように，それを私達が共通に学ぶべきマーケティングであると考えるべきではない。その最も大きな理由の1つに，商品を大量に生産してもそれらを十分に消費するだけの需要があったからである。そのような状況の下では，製造企業は生産活動だけに専念すればよかった。商品は必ず販売されたからである。

そのように言っても，製造企業自らが商品を販売することはなかった。商品を最終消費者に販売することなく利益を獲得することはできない。この時代の

製造企業にとって，商品の販売問題は商業者によって解決されていた。製造企業は商業者に商品を販売すればそれでよかった。商業者は様々な製造企業から商品を購入し，消費者に魅力的な品揃えを形成する。それによって商品の販売を容易にするが，それだけでなく，消費者の購買力は十分に存在していたので，商品が売れ残る心配はなかった。もう一度繰り返せば，生産された商品は消費者に販売されることによって，1つの貨幣的な循環が完結する。当時，製造企業は消費者への商品の販売の実現を待つまでもなく，実質的に利益を確保できた。

それだけでなく，大量生産大量販売それ自体が利益獲得能力をますます強化した。大量生産はそれに見合うだけの大量の原材料を調達する。大量仕入れは仕入価格を下げる。また，生産設備の稼働率を高く維持することにより，生産コストを引き下げ，利益率を高める。それらによる利益で更なる生産設備や生産システムなどの改良への資本投入を容易にする。この良循環によって，大規模な製造企業は加速度的に成長する。そのような大規模製造企業は中小零細製造企業と比較して，圧倒的に低価格で高品質な商品を市場に導入する。それにより競争力のない中小零細企業は淘汰され，巨大製造企業だけが残る寡占的な市場が形成される。巨大企業・寡占的製造企業だけが利益の拡大を図った。

2. マーケティングの登場

寡占的製造企業は中小零細製造企業を駆逐した結果，魅力的な市場を確保できるのであればマーケティングは登場しない。マーケティングが登場する原理を理解しよう。何度も繰り返すが，商品の消費者への販売がなされなくては貨幣的な一循環はなされない。これまでは商業者が製造企業の販売活動を代理してきた。もちろん，現在でも同じであるが，商業者は他の商業者と競争している。商業者は豊富な品揃えによって消費者に対する魅力をかき立てる。消費者は求める商品を製造企業の工場まで出向き，直接購入するのは時間的，費用的にかなりの負担がかかる。さらに，消費者は希望する商品がどの製造企業で生産されているのかを知らない場合，その企業を探すための費用も追加的に必要

となる。しかし，商業者が存在・介在することによって，それらの問題は大きく解消される。例えば，文具屋，家具屋に行けば，消費者は多数の製造企業が生産した商品の比較購買が可能になり，各製造企業に直接赴く必要がなくなる。商業者が介在する，品揃え形成という活動によって，消費者は多大な恩恵を受けている。

　次に，この具体的品揃えの内容をみていこう。資本規模の多様な製造企業が生産した商品が品揃えされていたとしよう。消費者はその豊富な選択肢の中から最適な商品を購入する。その際，ある店舗だけでなく，複数の店舗の商品を比較することは常である。もし全く同じ商品であれば，選択基準は価格に絞られるため，消費者は低価格で販売する店舗で商品を購入する。そのため商業者は同じ商品であるならば，競合店舗よりも安い価格で商品を販売しようとする。また，全く同じ商品でない類似商品であっても同様である。豊富な商品が多くの製造企業で生産されたならば，各店舗は品揃え形成の全体的な内容による差別化を図れる。しかし，先述したように，寡占的製造企業は大量生産による高品質低価格な商品を市場に導入する結果，中小零細規模の製造企業が駆逐されている。そのため，寡占的製造企業が生産する限定された商品の品揃えを形成しなくてはならなくなった。消費者は頻繁に同じ商品を見る。価格に対する比較購買の機会を多く提供するため，小売店舗での低価格競争は加速する。

　このような必然的な低価格競争の影響を受け，寡占的製造企業への低価格での商品仕入れの要請が商業者より強くなされる。市場の成長が確保されている段階であれば，その要請を寡占的製造企業が断ることもできる。しかし，市場には商品が溢れ，生産過剰な状況になり，ある属性の商品に対する全体市場を競合他社と分割する状態に至った。大量生産は機械設備の稼働率を高く維持することが求められる。自社にとっての市場が飽和していたならば，商品の販売はなされないので，生産もできない。唯一，競合他社の市場を奪うことにより生産は継続可能となる。ここにマーケティングが登場する必然性があった。寡占的製造企業同士が市場を奪い合う活動としてのマーケティングは経済活動全体に影響を及ぼす。そのような力強いマーケティングを分析することは実践に

対する応用・適用可能性を確保する。

3. マーケティングの変遷

　寡占的製造企業によって生産された商品そのものには差別的優位性は小さい。商品そのものでの差別的優位性が確保されていたならば，マーケティング力は不足していても，消費者の購買はそれに集中する。もしある時点において，ある商品がそのような優位性を確保していたとしても，必ず他社も同様な競争力を持った商品を市場に導入する。商品そのものの差別的優位性を確保するためにはそれ相応の費用が必要となる。小売業者からの低価格での商品仕入れを強く要請されている状況にあるにも係わらず，商品そのものの改良・開発に更なる費用を投入することには消極的にならざるを得ない。

　このような問題を解決する手段として，マーケティングが登場する。そのマーケティングの中核的な役割をブランドが果たす。ブランドはマーケティング登場以前において，特に，その歴史的起源に逆戻れば，品質が高い商品を他の紛い物と明確に区別するために，出所表示の手段として登場した。マーケティングにおけるブランドはその本来の目的とは異なる手段として用いられた。ブランドはマーケティングにおいて，商標として，商品に付けられることによって初めて意味をなす。その点だけみれば過去のブランドにみられた出所表示の役割を担うだけに過ぎない。しかし，このブランドは消費者の意識をマーケティングの主体の思惑通りに変更させるという強力な操作手段となる。

　ブランドを積極的に活用した差別化を製品差別化戦略と呼ぶ。製品差別化戦略は商品を差別化するための戦略である。ブランドに係わるこの戦略は製品戦略の部分であると認識されている。それはブランドが商品に付けられていることから，そのように言われている。しかし，ブランドはそのような戦略的意義だけに止まるものではない。ブランドを活用した製品差別化戦略は商品そのものの品質を向上させることなく，それを活用して消費者の意識操作をおこない，商品があたかも高品質であるかのように思わせる戦略である。商標というブランドは全く曖昧なものであり，それ自体に何も価値はない。しかし，マーケティ

ングの主体はマス媒体を通して，広く消費者にアプローチする。消費者の主観的な判断は曖昧であることも重なり，ブランドに対するイメージを高めることによって，その商品の品質は高いというイメージを消費者の意識に植え付ける。それによって，消費者が商品の品質そのものから，ブランドのイメージを基準に商品購入の意志決定をするよう移行させる。極端な表現かもしれないが，消費者は商品を購入するのではなく，ブランドを購入するようになる。製品差別化戦略は販売促進戦略的な性格を強く有する[1]。

このようなブランドを活用したマーケティングは商品そのものの品質に係わる努力を極力控えようとするものであり，高圧的なマーケティング，生産者志向のマーケティングと呼ばれる。寡占的製造企業は消費者の意識を操作し，消費者ニーズの多様性を無視し，購買の選択肢を決して増やそうとはしない。このような意識操作活動によって得られたブランド力は商品が低価格競争に巻き込まれる危険性を低くする。消費者にとって，広く認知されたブランドはそうではない商品に対する優位性を確保するためである。そうではあっても，全く同じ商品が競合する店舗で販売されていたならば，低価格での販売をすることによって，消費者の購買意欲を高めようとするのは小売業者の必然的な行動である。

それに対して，マーケティングの主体は価格を統制しようとする。寡占的製造企業は自ら直接商品を販売することは現実的ではなく，商業者を介しての販売を変更できない。そこで寡占的製造企業は商業者との関係を変更しようとする。寡占的製造企業と商業者は完全に独立した経済主体であり，通常の取引関係が存在するに過ぎなかった。経済的な独立性を変更するためには資本的な関係を形成する必要があり，それは全く現実的でない。そこで経済的な独立性はそのままにして，取引関係のあり方を変更する。商品の価格を統制する組織として，寡占的製造企業と商業者との関係が形成される。それは系列化政策である。系列化によって，商業者は寡占的製造企業の商品だけを販売するようになり，価格は統制される。系列化政策を寡占的製造企業による商業者の完全支配であるという認識がなされることもある。しかし，寡占的製造企業だけでなく，

商業者も低価格競争を回避することは重要課題であった。系列化を単なる支配従属関係と捉えてはならない。それは商業者にも多大な恩恵を与えるシステムであった。この系列化政策による価格統制の具体的な目的は独占価格の設定である。寡占的製造企業は独占価格の維持によって，利潤の極大化を目指そうとする[2]。その利益は最終消費者から奪われたものであり，マーケティングの社会性は低い。

　このような独占価格維持政策としての系列化が維持できた時代は崩壊する。抜け駆けをする業者が出没するからである。それを説明しよう。系列化政策は独占価格を単に維持するだけでなく，消費者に対する力強いマーケティングである。ある商品について，広告宣伝活動を寡占的製造企業と商業者が一貫しておこなう。商業者の活動を寡占的製造企業はディーラーヘルプスと呼ばれる積極的な支援をおこなうことで強化する。その支援をより強力に受けたいと望む商業者は商品の販売量を多くしようとする。在庫商品を他の業者に販売することで販売量自体を確保する業者も現れる。そのような業者から流出した商品が市場に出回るようになり，再び，低価格競争に商品が巻き込まれた。

　このような製品差別化戦略や系列化政策だけでは商品を十分に販売できないと判断した製造企業は市場細分化戦略を積極的に採用する。製品差別化戦略との大きな相違点として，市場細分化戦略は消費者ニーズの多様性を前提として，それらの個々のニーズを満たすような商品を研究開発し，市場に導入する。そのような個別ニーズに適合した市場規模は相対的に小さくなる。このような消費者ニーズに積極的に適合しようとする姿勢は消費者志向，または，低圧的マーケティングであるとも考えられる。小さな市場に向けて適切なマーケティングを力強くおこなうという点からすれば，製品差別化戦略が製品戦略や販売促進戦略の部分的戦略であるのに対して，市場細分化戦略はそれ自体が1つのマーケティング活動であることが大きな相違点である。商品そのものにおける差別的優位性を確保する必要から，製品戦略がマーケティングの中心となる。しかし，より広く消費者ニーズに適合するような製品差別化戦略に対して，細分化された市場への商品の導入はターゲットとする市場規模が相対的に小さくな

る。市場細分化戦略によってその市場を確実に確保したとしても，巨大製造企業が存続するたに必要な市場規模にはそれだけでは及ばない。新たな市場の確保が必要となる。そこで次の細分化された市場に適合する商品を導入する必要に迫られる。それが市場細分化戦略の基本的な行動となる。最終的に，巨大製造企業が求める全体市場を獲得することを目的とする。製品差別化戦略と市場細分化戦略は市場の獲得方法での相違があるだけで，最終目的は同じである。

ただし，細分化された市場を確実に1つ1つ確保するためには消費者の購買意欲をかき立てる仕組みが必要となる。同じ消費者に新しい商品を購買させることは効率的である。市場細分化戦略はそれ単独での効果は十分に期待できない。そのため製品陳腐化戦略が併用される。製品陳腐化戦略には3つのタイプがある。新しい機能が次々と登場することで従来の機能が古くなる機能的陳腐化，新しい商品が登場することで従来の商品が旧式であるように消費者に感じさせる心理的陳腐化，素材そのものが陳腐化する素材的陳腐化がある。それらによって，消費者の購買意欲をかき立てる。このような製品陳腐化戦略と併用される市場細分化戦略を単純に消費者志向のマーケティングであると認識する見解に対して慎重な立場がある。その見解に従えば，市場細分化戦略は様々な技術を活用することによって消費者の意識操作活動を強化する，高度に発展した高圧的な，または，生産者志向のマーケティングであると認識される[3]。

このようなマーケティングはある時点において，隠そうとしていた本性が消費者に暴露され，消費者運動の登場につながる。消費者志向であると標榜するものの，マーケティングの本性は巨大製造企業にとってメリットのある方向へと消費者の意識操作を図っていたためである。そのようなマーケティングの社会性の低さが問題視され，その批判を受けてソーシャル・マーケティングが登場した。これは従来のマーケティングの社会性を補強するためのマーケティングである。

マーケティングの手法を様々な領域でも積極的に活用しようとする動きもみられた。コトラーによるマーケティング概念の拡張と呼ばれるものであり，公共機関や病院や学校などの非営利組織にもマーケティングの対象は積極的に広

がった[4]。

4. マーケティングの基本的体系

　マーケティングの基本的な構成要素は製品戦略，価格戦略，販売促進戦略，経路戦略である。それらを有機的に結合させることによって，商品の販売を効率的におこなおうとするのがマーケティングミックスである。特に，競合他社の動きを把握し，適切なマーケティングミックスを策定することがマーケティング担当者の使命となる。ここではマーケティングミックスの方法について説明するのではなく，各構成要素としての4Ps戦略の内容を簡単に説明しておく。

　製品戦略はマーケティングの中核的戦略である。商品が消費者にとって魅力あることはそれ自体が販売促進機能を担うためである。高級有名ブランド商品はまさにその代表であり，全く無駄のない戦略となる。製品には導入期，成長期，成熟期，衰退期というライフサイクルがあり，それぞれの段階に合わせたマーケティングミックスが必要となる。導入期には商品の売上は増加するものの，販売促進費用も多く投入され，利益の確保が困難である。しかし，競合企業も少なく，低価格競争に巻き込まれることがないため，高額所得者への販売を中心におこなえる。成長期には商品の売上が増加し，利益が増加する。しかし，競合企業も参入するため，低価格競争が始まり，競争力をさらに高める必要から商品の改良，流通経路の変更などがおこなわれ，様々なマーケティングがみられる。成熟期には商品が消費者の多くに購入された段階であり，売上は低下する。このような段階ではマーケティング力が最も強く求められる。ここで勝残るか負けるかは大きな差になるためである。衰退期は売上高も低下し，利益も確保できない。この段階では撤退や市場の維持などの判断がなされる。

　価格戦略は利益と直接関連する重要な戦略である。価格設定の要因は商品の製造原価や需要状況もさることながら，競合他社の動向が最も重要となる。市場が独占的な状況であるならば，価格決定権が自社にある。それらの要因を検討しながら，コスト重視型価格設定方式，需要重視型価格設定方式，競争重視型価格設定方式，多段階的価格設定方式などによる価格設定がなされる。需要

重視型価格設定方式は消費者が知覚する価値によって決定される知覚価格設定法，慣習化した慣習価格法，同じ商品であっても各個別市場に対して価格を変動させる差別価格法，980円というような心理的に割安感を出す端数価格法，品質を消費者が評価しにくい場合，価格と品質が比例するという消費者心理を利用した名声価格法，商品選択を容易にするため価格帯毎の設定をする価格ライン法，特価品法などがある。競争重視型価格設定方式には業界平均価格である実勢価格法，競争企業の価格よりも低く設定する競争価格法，入札価格法などがある。

経路戦略には直接販売と間接販売がある。製造企業が直接販売するものとして，インターネット・通信販売，訪問販売もある。販売営業所や支店の設置などは実質的には同一組織として捉えられるのでそれらも直接販売に含まれる。今日の多くは間接販売であるが，それは商業者を活用しての販売という意味である。製造企業は開放的にどの商業者とも取引をする場合，選択的に限定する場合，専属的な場合などがある。専属的な商業者は特定の製造企業の販売代理業者として認識され，自動車，ピアノ，石油などの産業にみられる。商業者は本来複数の異なる製造企業から商品を集めて販売するという存立根拠がある。それを放棄して，ある特定の商品しか取り扱わないことから，直接販売と同様であると認識される。それは同時に，マーケティング力が最も強く発揮される形態である。

販売促進戦略には人的販売と広告，それと狭義の販売促進がある。人的販売でのセールスマンは消費者に直接様々な情報を提供し，消費者の購買意欲をかき立てる最も力強い販売促進形態である。しかし，ターゲットは限定的であり，コストは高くなる。それに対して，広告は広範囲の一般大衆に対しての全体的なアプローチには最適な手段となる。特に，同一の情報を複数回発信することによって消費者意識にメッセージを自然な形で伝達できる[5]。

第2節　マーケティングのサービスへの適用

　サービス産業の発展は目覚ましく，経済活動における重要度も高まってきた。そのような中，注目されたのはマクドナルド社での従業員の活動である。バーガーキング社はフォード生産システムにみられたベルトコンベアーシステムを導入して高品質なハンバーガーを生産しようとした。これはまさにハンバーガーの工業生産であった。それに対して，マクドナルド社は接客従業員のサービスを重要視した。ハンバーガーだけでなく，サービスも商品であるという考えは多くの消費者に受け入れられた。これまでは困難とされた接客従業員の管理問題を解決することによって，競争優位性を獲得した（Sasser & Arbeit 1976）。

　マクドナルド社は詳細なマニュアルを作成し，従業員が様々な接客場面において，各自の意志決定を極限まで省いた。それによる標準化された接客サービスと愛想の良さが消費者に高く評価された。これはサービスの工業化と呼ばれた。機械設備に対して，不安定な要素である人の活動を工業で用いられた手法を用いることで克服した。ただし，ここでの従業員の接客活動は人によってなされるものではあるが，人を機械設備と同様なシステムと認識・管理したという点で工業化という表現がなされた（Levitt．土岐 1984, 238 頁）。

　このようなマニュアルによって管理できる接客従業員の活動はサービス・マーケティングの本来的な対象ではない。それは従来のマーケティングの手法をサービスの生産活動に応用または適用した段階であった。モノの生産はその品質管理が基本である。マーケティングの目的である消費者への意識の操作について，人の意識の管理は非常に困難であるが，それをおこなうことがマーケティングの最重要課題である。それを実現するためにマーケティング管理者は管理が確実におこなえる手段を有機的に結合することによって，消費者の意識操作をおこなおうとする。それと同様な考えに沿って，従業員の活動を確実に管理できるようにシステムを構築した。

第3節　サービス・マーケティングの登場

　マクドナルド社にみられたマニュアルで管理できる段階からサービス・マーケティングが本来対象とする発展的な段階に入る。それは従業員の活動を機械設備などと同様なシステムとして捉えられない段階である。そこでは多様で柔軟な活動を従業員がおこなうことが求められる。
　具体的な事例は高級なホテルや旅館，高級ブランド商品の販売に係わる接客従業員の活動である。このようなサービスの生産に係わる重要なポイントをあげておこう。サービス・マーケティングの研究において，サービスを受け取る消費者はそれ相応の社会的地位と教養があるという前提がある。現実の社会ではそうでないことも頻繁である。しかし理論において，接客従業員によるそのような消費者への活動が描かれている。これらはサービス・マーケティングでは書かれていない大前提である。従来のマーケティングは一般大衆消費者を対象としているのに対して，サービス・マーケティングでは限定された消費者が対象になる。
　このようなサービスの生産は個々の消費者に対して，丁寧な対応をおこなうという特徴がある。その時々の消費者の様子を敏感に感じ，適切な対応をおこなう，まさに消費者志向の対応である。従来のマーケティングでは消費者志向であるとは標榜するものの，その実際はそうではなかったという先述の内容とは全く異なる。それはサービス・マーケティングの対象とする消費者はサービス品質を十分に評価できるという前提だからである。そのような前提があるからこそサービス品質の評価は提供者側ではなく，消費者が決定するという考えが生まれる。不適切な消費者による評価に対して，サービス提供者は従う必要がない。サービスを受ける資格のある適切な消費者に対して，最善の注意を接客従業員が払い，対応するような状況がサービス・マーケティングの対象となる。
　サービスはモノの生産とは根本的に異なり，生産性は低い。モノの生産は機

械設備の効率性を高めることや稼働時間を延長することにより生産量は飛躍的に増加する。それに対して，サービスの生産は人間によらなければならず，必然的に限界を生じる。また，品質の高いサービスの生産はそれ相応の時間を特定の消費者個人に充てなくてはならない。マクドナルドの事例では一般大衆消費者に対する標準化されたサービスの生産をマニュアルによっておこなった。それとは全く異なる品質の高いサービスの生産は従業員個人の能力に大きく依存する。サービスの生産はそれと同時に消費者によって消費されるという生産と消費の同時性という問題がある。モノの生産は検品作業によって品質が保証される。それに対して，サービスの生産がなされた時点では消費されているので検品作業ができない。

　このような機械設備とは根幹的に異なる従業員個人の多様な能力を管理・発揮するためにサービス・マーケティングが登場した。サービス・マーケティングにおける循環として，サービス提供者に満足できる職場環境と職務を提供すれば，従業員のモチベーションは高まり，高品質なサービスを提供する。そのようなサービスは消費者を満足させ，再度の購買につながる。このような流れが利益を継続的に生み出す。高品質なサービスが分かる消費者に最高の接客活動をおこなう。サービスを受け取った消費者は単なる満足だけでなく，接客従業員をも喜ばせたいという気持ちになる。接客担当者を消費者が自ら決めて，それ以外の従業員からの購入を控えることすら頻繁にある。従業員と消費者との会話の内容も様々ではあるが，それらは質の高いものであり，消費者は顧客へと変化する。消費者は単なる商品の購買者であるが，顧客は特定の店舗や接客従業員を好んで選択する消費者である。企業にとって，顧客は最も大切にすべき取引相手である。顧客という概念はサービス提供者との信頼関係に基づく長期的なものである[6]。

第4節　海外へのマーケティングの展開

　国内市場での様々なマーケティング活動を企業はおこなう。マーケティングは競争に打ち勝つための手段である。様々な諸活動を有機的に結合させるものであり，それ相応の過分な費用を必要とする。競争が激化すればするほど，その費用は多く投入されるだけでなく，商品は低価格競争に巻き込まれる危険性も高くなる。そのため，生産コストを下げるだけでなく，商品の運搬や卸売や小売などでの経費削減も極限までおこなおうとする。そのようなマーケティング全体における経費の削減はマーケティング力の低下を招く危険性を高めるという矛盾を生じさせる。

　製造の段階において，国内での生産よりも海外での生産の方が低コストでかつ経済的，社会的に進出先が安定的であるならば，生産施設そのものを海外に移転することも経営管理担当者の選択肢としてあげられる。しかし，生産設備を海外に移転する場合，コストの問題だけではなく，様々な管理問題も発生する。海外での工場労働者や管理者を現地でどのように調達するのか，国内からの派遣をどのようにするのか，また，従来の国内の工場労働者をどのようにするのかという問題が発生する。労使関係の問題は単なる生産の効率化だけで判断されるものではなく，海外への工場移転の決断は難しい。

　そのような検討をする以前に，国内で生産された商品を海外に輸出するという選択肢を選ぶ。国内マーケティングから輸出マーケティングへの転換である。諸外国では国内のような激化には至らない魅力的な市場があるかもしれない。そのような市場に商品を導入すれば，国内よりも強いマーケティングが遂行される可能性もある。もう少し丁寧に言えば，外国に向けて投入されるマーケティング費用は国内よりも低くとも，そこでの競争状況が激しくなければ，相対的に国外市場での方がマーケティング力は強くなることもある。このような市場がみつかれば，商品販売量が増加させられる。

　先述した工場施設の海外移転について，輸出マーケティングでは十分な利益

が確保できない状況に直面するかもしれない。輸出先の海外市場での競争が激化し，低価格競争が生じることもあるだろう。更なるコスト削減での対応により販売の継続が可能だと判断される場合，生産拠点をその国に移動することも検討されるだろう。従来の国内生産設備の稼働率の問題が解決されるのであれば，積極的に海外拠点の設置も考えられる。国際取引に係る様々な費用の問題を解決し，低価格競争にも打ち勝つ状況を作り出すかもしれない。生産拠点が海外にあれば，隣国への輸出も始まるかもしれない。これは国際マーケティングの始まりである。

このような動きとは異なる次元にグローバル・マーケティングがある。これは世界を単一の市場と認識するマーケティングであり，各国の事情には適合させる必要性はあるが，基本的な部分において，従来のマス・マーケティングを世界に拡大するものであり，力強いマーケティングである。

上記のようなモノのマーケティングの国際化とサービス・マーケティングのそれとは基本的には同じである。ただし，モノのマーケティングはグローバル・マーケティングを除いて，商品を導入する市場をそれぞれ異質なものと認識している。言い換えれば，各市場に向けての個別的マーケティング，市場細分化戦略がおこなわれている。それに対して，サービス・マーケティングの国際化は異なる。例えば，高級ホテルを考えてみよう。そのようなホテルに通常宿泊する顧客が海外に行った際に宿泊施設を利用することも戦略の中に入る。世界のどこで宿泊しても同じ水準のサービスを受けられるという点ではグローバル・マーケティング的な性格がある。

第5節　テキストが対象とするサービス

上記の一般的な学習を踏まえた上で，誤解が生じないよう後の章で取りあげられる対象を簡単に説明する。サービス・マーケティングの厳密な対象はサービスを生産する接客従業員の活動である。しかし，現実社会ではそのようなサービスだけを提供する場面は非常に少ない。例えば，教育サービスであれば，講

師や教員などの活動であるが，教室，机やイス，黒板などの設備も必要となる。それらがサービスとして総合的に提供されることによって，教育サービスの質が高まる。本章の理論で述べられている様々な活動はそれ以外の多くの要素との結びつきが必要であることを忘れてはならない。

本テキストにおけるサービスは接客従業員の活動以外のサービスも積極的に対象とする。例えば，アニメはサービス産業には位置付けられるが，サービス・マーケティングの本来的な対象ではない。しかし，それらはサービス・マーケティングの実践の際に様々な形での応用が可能な活動だからである。

注
（1）ブランドとマーケティングとの関係については岩永1981を参照されたい。
（2）マーケティングについては森下1993を参照されたい。
（3）マーケティングの本性については角松1967を参照されたい。
（4）非営利組織のマーケティングについてはKotler1982を参照されたい。
（5）マーケティングの基本的な体系とその内容については岩永2012を参照されたい。
（6）サービス・マーケティングの登場については松井2012を参照されたい。

[欧文文献]
P. Kotler（1982）, *Marketing for Nonprofit Organizatinos, Second ed.*, Prentice–Hall, Inc.（井関利明監訳（1991）『非営利組織のマーケティング戦略』第一法規）。
T. Levitt（1983）, *The Marksting Imagination*, The Free Press.（土岐 坤訳（1984）『マーケティング・イマジネーション』ダイヤモンド社）。
W. E. Sasser & S. P. Arbeit（1976）, Selling Jobs in the Service Sector, *Business Horizons*, June.

[邦文文献]
岩永忠康（1981）「製品差別化におけるブランド–マーケティングにおけるブランドの役割–」『熊本短大論集』第31巻 第3号。
岩永忠康編著（2012）『マーケティングの理論と実践』五絃舎。
角松正雄（1967）「製品差別化と市場細分化–独占とマーケティング–」『熊本商大論集』第25号。
松井温文（2012）「サービス・マーケティング」伊部泰弘・今光俊介『事例で学ぶ経営学』五絃舎。
森下二次也（1993）『マーケティング論の体系と方法』千倉書房。

第2章　サービス・マーケティングの基礎理論

第1節　"サービス"とは何だろうか？

1．サービスの定義

　"サービス"という言葉は日常生活でも頻繁に使用される馴染みがある言葉である。サービスとは人が他者に対して行う行為の内容を示す時に使われたり，あるビジネスを示す時に使われたり，またドリンク1本サービスというように無料の意味でも使用されているように多様に用いられている用語である。マーケティングの世界では，伝統的に形がある財（goods）との違いを意識して定義されてきた[1][2]。

　サービスとは，一方が他方に対して提供する行為とパフォーマンスであり，基本的に形がなく，所有できないものである（Armstrong & Kotler 2000, pp.6-7, p.219）とするのが判りやすい。少し詳しく定義すると，サービスとはある主体が別の主体に対して行う多彩な特性を持った複合的な経済活動であり，時間単位の行動が多く，サービスの受け手の期待通りの結果をもたらすことが期待されているものである。顧客は価値を期待するが所有権は得ることができない（Lovelock & Wirtz 2007. 邦訳 15 頁）。プロセス面から定義すると，サービスとは顧客が抱える問題を解決するために顧客とサービス従事者との間で行われる一連の無形的行為から成るプロセス（Grönroos 2007, p.52 ; Bateson & Hoffman 2010, p.452）であると定義される。共通する最重要ポイントは「サービスは"人間"が行う行為である」ということである。それだけに難しい側面を持っている。

2. プロダクト

プロダクト（Product）とは人のニーズやウォンツを満足させるために注意を喚起させ，取得させ，使用させ，消費させるために市場に提供されるものであり，一般的には自動車，テレビやドリンクなどの物的財がイメージされる（Kotler 1988, pp.4–5, pp.445–446）。一般的に耐久性と有形性の視点で非耐久財，耐久財そしてサービスの3種類に分類される。プロダクトの内容はサービス・ビジネスの成否を左右する。例えば，アニメのストーリーなど魅力が無いといくら流通経路が整備されていても人気は出ない。

3. サービスの特性

サービスは4つの特性を持っている。サービスの特性として伝統的に浮き彫りにされてきたのは，（1）無形性（intangibility），（2）非分離性（inseparability），（3）異質性（heterogeneity）そして（4）消滅性（perishability）である（Armstrong & Kotler 2000, pp.245–246）。

（1）無形性とは，物とサービスを区別する最も重要な特性である。物は見たり，感じたり，触ったり，味わったりできるのに対して，サービスは見ることもできないし，感じることもできない。触ることも，事前に味わうことも，においを嗅ぐことも不可能である。その点でサービスは物体というより，形がないパフォーマンスであるといえる。それ故，サービスはさまざまな行為および一連の行為から構成されるプロセスが重視される。

（2）非分離性とは，同時性（simultaneous）とも表現されるサービス特有の特性である。サービス提供組織がサービスを生産し，同時に顧客が消費するという生産と消費の同時性が特性である。

顧客はサービス生産プロセスに共同生産者として参加しサービス従事者と同じ時空間を共有してサービスを受ける。そこではサービス従事者と顧客の間には相互関係が生まれている。サービスの結果は顧客参加によって影響され，期

待以上の良い結果となる場合もあれば，期待はずれになる場合もある。

（3）異質性とは，変動性（variability）とも表現されるように，サービスのパフォーマンスはサービスを提供する人ごとに差があり，たとえ同一の提供者でもサービスを行う度に完全に同じサービスパフォーマンスとはならない。顧客によっても変わる特性を持っている。またサービスを実施する日ごとに異なるパフォーマンスになるという特性もある。病院における医療サービス，美容院の美容サービス行為や大学の講義を想定すれば理解できる。

（4）消滅性とは，サービスは形がないため在庫ができないことを意味する特性である。サービスは在庫できないパフォーマンスであり，それが需要・供給のバランスをどのようにとればいいかというサービス・ビジネスの問題を生むことにつながる。また消滅することから使用されなかったサービスは翌日に販売できない。つまり保存できない，在庫できない，まして顧客も買い占めることもできないという特性である。

4. サービスの4特性の重要度

　無形性，非分離性，異質性そして消滅性の4特性を先行研究者はどう扱っているかについて，ザイタムル（Zeithaml, et al. 1985, p.34）は36名の先行研究者がサービスの4特性の中でどの特性を挙げているかを整理している。4特性すべてを挙げている研究者は8名であり，ベリー（Berry 1981），ニズリー（Knisely 1979），ラスメル（Rathmel 1974），リーガン（Regan 1963），セイサー（Sasser 1976），アルバイト（Arbeit 1978）そしてウール（Uhl 1980）とウーパー（Upah 1980）であった。3つの特性を挙げているのはザイタムルを含む16名であった。ラブロックを含む残りの12名は1～2特性だけであった。注目すべきは全員が無形性を採用している点である。非分離性（同時性）は33名が採用しているが異質性は17名，消滅性は少なく10名である。

　上記の分析から，無形性はもちろん，非分離性もサービスの特性として大き

な意味を持つといえる。サービスとは形がなく、サービス提供とサービスの受容が同時に行われるものと最小限の定義が可能になる。ラブロックは、この2点をサービスの特性と位置付けている。さらに、最も重要な特性がサービスには存在する。それはサービスには「所有権を主張できない」ということである。

第2節　サービスとマーケティング

「何を」、「どのくらい」、「どのように」、「どこで」、「誰に」(Stoner & Wankel 1986, p.202) そして「いつ」提供するかがマーケティング戦略を考える場合に重要なポイントである。

さまざまな特性を持つサービスのマーケティングはかなり複雑であり難しいかもしれない。サービスの種類によって採用されるマーケティング戦略や手法は異なると考えられる。ここではサービスをある視点で理解し、それぞれに採用されるマーケティング戦略や手法を検討する際の助けにしたい。

1. 物とサービスの8つの相違の視点からの理解

ラブロックとウィルツは物とサービスを比較して8つの相違点を明確にした (Lovelock & Wirtz 2007. 邦訳17-24頁)。彼らが明らかにした相違点からサービスの特性およびサービスのマーケティング課題を理解したい。

相違点1：サービスには在庫がない。在庫がないためサービス需要と供給のバランスがくずれた場合、顧客は期待した時間にサービスを受けられないことがある。実際の現場ではマーケティング課題であるサービスの需要と供給の調整の問題を解決するために時間帯予約などを設定する対策がとられる。それは需要の標準化を試みる戦略でもある。さらに待ち時間の混雑を解消するために、オペレーション従業員を教育訓練することによってサービス提供能力の向上やバランスを図る対策がとられる。

相違点2：無形要素がサービス価値を生み出す。サービスは無形性ゆえ、サービス品質の評価や競合サービスとの比較ができにくい特性を持っている。マー

ケティング上の課題として，いかに顧客の評価を高めるか，いかに潜在顧客を引きつけるかが挙げられる。現実には競争相手と差別化するためにサービス従事者の態度の向上，ブランドの活用，イメージや比喩活用の戦略を採用する対策がとられる。例えば，マクドナルドの世界標準化マニュアルは顧客に世界のどこの店舗に入っても，いつもと同じようにハンバーガーを味わえる安心感を与えてくれる。

　相違点3：可視化が困難。サービスは有形の製品ではない。サービスを顧客にどのようにして販売するかがサービス・ビジネスの成否の分かれ目となる。サービス提供プロセスを顧客に見えるようにする方法がとられている。医療機関では検査プロセスを写真や説明文など有形物を掲示して，患者が検査概要を理解する手法を採用している。顧客は可視化ができない場合には大きな不安を感じる。サービス・マーケティングでは顧客の「信頼感」をどう獲得するか，そして維持するかが中心課題となる。

　相違点4：顧客が共同生産者となる。この共同生産の考えは極めてサービスの対人接触度が高い場合を念頭に置いているが，現代では少し様相が変わってきている。コナミスポーツクラブのようなフィットネスクラブを思い浮かべてほしい。トレーナーの指導下でトレーニングプログラムを消化していくのが基本であるが，そこにはトレーニングを補完するさまざまな用具や器具が備わっている。サービス・マーケティングの見地からいえば，顧客が使いやすい用具や器具，さらには健康管理システムや施設全体のマネジメントもサービスの価値と評価を高める要素である。また現代ではセルフ・サービスが普及している。衛星通信システムを利用した24時間受講できる録画講義，ATMの自動預金引き出しサービス，チケット購入システム，インターネットを使用した商品購入など，必ずしも顧客とサービス提供者が時空間共有する状態でないサービスが増加している。サービス・マーケティングの視点からみると対人接触度が低いサービス形態であっても顧客からの問い合わせに対応し返答するカスタマー・サポート機能の保有も重要なポイントになる。

　相違点5：他の顧客が自分のサービス経験を左右する。自分がサービスを受

けている施設に他の顧客も一緒にサービスを受けている場合，他の顧客の身なりや言動，客数などからどういう印象を受けるであろうか。騒々しい客や定員以上の客が集まって混雑する施設はあまり良い印象を受けないだろう。サービス提供施設のイメージや評価は自分がサービスを受けた経験から決定される。サービス・マーケティングの視点から言えば，サービス従業員の接客の仕方に加え，顧客によってもサービス施設のイメージや評価が左右されるという点は考慮する側面である。それによって顧客に与える印象も異なってくる。

　相違点6：インプットとアウトプットの変動が大きい。サービスは生産と同時に顧客が消費するというプロセスが一般的である。サービスの品質確認は事前ではなくサービス実施中または消費後となる場合が多い。通常，サービス従事者のサービス技術の差や顧客接遇能力の差などが生じる問題，同一の従事者でも顧客によってサービスが変動するという問題，実施時間による変動をどのように調整するかという問題などがマーケティング上の解決課題となる。

　相違点7：時間が重要な要素である。多くのサービスはリアルタイムで提供される場合が多い。特に先進国では時間が貴重な経営資源と考えられており，時間に対する意識・感覚は高くなってきているといえる。ファースト・フーズサービスが人気なのは待ち時間が少ないという点が大きい。自動車の修理の期間も顧客満足の視点から，また競争優位の視点から，できるだけ短期間に確実に修理できることが求められている。ATMの現金引き出しサービスも時間がポイントとなって登場してきたといえる。

　相違点8：オンライン・チャネルが活用できる。サービスは時空間制約，一過性などの特性から在庫・物流ができない。しかし，顧客にサービスを届けるには物を利用することが必要になる場合も多い。アニメなどはビデオテープやDVDなどの物に体化させれば容易に世界中を運搬できる。最近ではインターネットの普及によってネットバンキングやチケット予約など，顧客がその場所へ足を運ばなくてもサービスを受けられる時代となっている。またATMなど対人接触を必要としないサービス形態も存在する。

2. サービス・マーケティング・トライアングルの視点からの理解

　サービス・ビジネスとは顧客になにがしかのサービスを提供するビジネスとして考える。一般に使われているサービス業，サービス事業などと同類の用語をひとくくりにしてサービス・ビジネスと考えて話を進める。

　サービス・ビジネスを考える上で重要な視点がある。それは顧客へサービスを提供するサービス従事者と顧客の関係，サービス・プロダクト提供組織と顧客の関係，そしてサービス・プロダクト提供組織とサービス従事者の関係である。その関係は「サービス・マーケティング・トライアングル」と呼ばれている（Grönroos 2007 ; 近藤 2010 ; Armstrong & Kotler 2000）。

　図2-1はサービス・ビジネスを行う際のサービスにかかわる三者の関係を示している。そしてサービス・トライアングルとオペレーションとの接点XYZはそれぞれに必要な3種類の代表的サービス・マーケティング戦略を示している。顧客とサービス提供組織の関係では外部環境マーケティングが必要となる。組織は提供するサービスの種類や内容を考慮に入れて売上増大を目指すマーケティング戦略を実行する。その接点Xでは顧客と組織の間のリレーションシップ・マーケティングが行われる。顧客とサービス従事者の間には相互に信頼関係が構築され，サービスに満足した顧客はそのサービスの長い間に渡るリピーターとなる。一方，サービス従事者は自分が提供するサービスが顧客に満足を与えることに喜びを感じる。それがサービス従事者の職務満足につながる。

　図2-1の接点Zの内部環境マーケティングの目的はサービス提供組織内部のサービス品質の向上である。組織は提供するサービスを間違いなく実行できるように従業員の教育・訓練，従業員への権限移譲，運営組織，職務設計，サービス従事者への支援ツールなどを構築する。組織はオペレーション部門を確立し，サービスを維持する。それは従業員全体の職務満足につながっていく。

　サービスを実行するサービス従事者と顧客の相互関係はサービス・エンカウンターがポイントになるインタラクティブ・マーケティングと言われる（図2

−1 の接点 Y)。

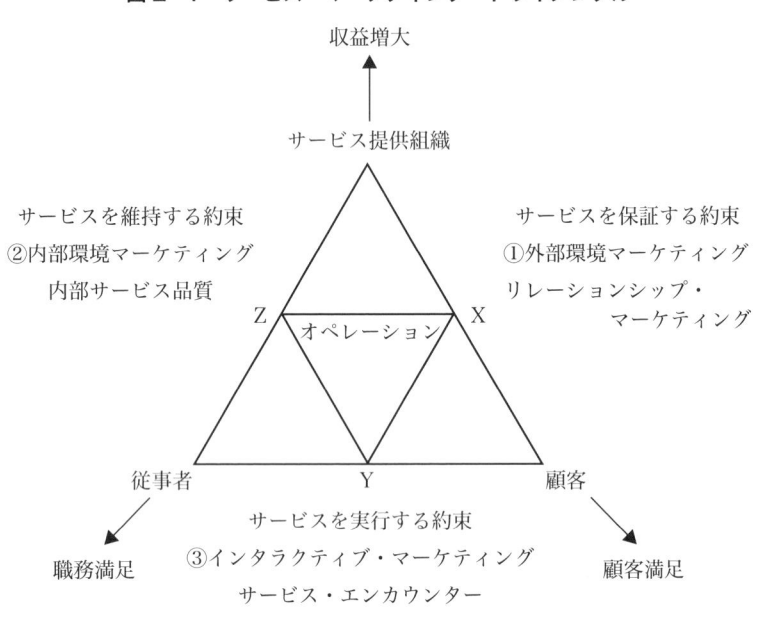

図2−1　サービス・マーケティング・トライアングル

```
                    収益増大
                      ↑
                 サービス提供組織

  サービスを維持する約束         サービスを保証する約束
  ②内部環境マーケティング        ①外部環境マーケティング
  内部サービス品質              リレーションシップ・
                                マーケティング
            Z   オペレーション   X

   従事者          Y          顧客
  ↓        サービスを実行する約束        ↓
 職務満足    ③インタラクティブ・マーケティング    顧客満足
            サービス・エンカウンター
```

出所：Grönroos（2007）；近藤（2010）；Armstrong & Kotler（2000）を参考に筆者加筆作成。

　サービス従事者は顧客へサービス提供を実施する間，顧客の反応に応じてサービスの行為を修正するなど努力を行い顧客との良好な関係を築く。その努力はサービス品質を高めることにつながり，顧客は提供されるサービスに満足し顧客満足度は高まる。そしてサービス提供組織には収益増大の利益をもたらす。特に対人接触度が高いサービス・ビジネスほどサービス・エンカウンターでのサービス従事者の行動がサービス・ビジネスの成否を左右する。その意味で，サービス従事者は組織と顧客を結ぶバウンダリー・スパナー（境界連結者）の役割を果たす（Bitner, et al, 1994）。もちろん，サービス従事者だけが重要ではなく，サービス従事者の行動を支える組織のオペレーション体制整備の必要

性は高い。

3. サービスの提供形態の視点からの理解

コトラー（1988, pp.477-478）は財（goods）とサービス（services）が何を提供するかを基準として4つの基準を提示している。これはグッズ・ツー・サービス・ミックスと呼ばれる。4つの基準それぞれによって採用されるマーケティング戦略が異なることは容易に理解できる。

第1は純粋な有形財であり、なんらのサービスも付随しない純粋な製品である。例えば、石鹸、歯磨き、塩などが該当する。

第2はサービスが付随する有形財である。これはサービスを付けることによって顧客の関心を引き、万一の時の安心感を与え購買意欲を喚起させることができる。例として、電気製品や自動車など購入するとメーカー保証が付いている場合、メンテナンスのマニュアルが付いている場合などがそうである。この段階では中心は財（製品）であり、サービスは「従」の立場である。サービスが財（製品）の価値を補完的に高める働きをしている。

第3は付属の財やサービスが付随しているサービスである。例えば、飛行機で海外旅行をする場合を考えてみよう。機内では食事やドリンクが提供され、備え付けの映像機器や音楽放送機器で映画、ゲームや音楽が楽しめる。「主」は飛行機による輸送サービスであるが、そのサービスを強化し補完する役目を付属の機器やサービスが果たしている。

最後は純粋なサービスである。指圧マッサージを考えれば理解しやすいだろう。指圧施術者は自分の指で顧客の肩こりなどを指圧することで楽にする。基本的には何も道具は使用しない。顧客から症状を聞き出して指で指圧するという対人接触度が極めて高い純粋のサービス行為から成る。

4. 人を基準にしたサービスと物を基準にしたサービスの視点からの理解

現代社会では財とサービスがなにがしか混在している場合が多い。コトラー（Kotler 1988, p.477）によれば、サービスはまず第1に人を基準にしたサービ

スと物を基準にしたサービスに区分される。前者はサービスを実施する人の熟練度によって，芝刈りなど未熟練者でもできるサービス，自動車修理サービスなど一定レベルの技術を持った熟練者が行うサービスおよび医師や弁護士など専門家が行うサービスに細分化される。物を基準にしたサービスとは，自動給湯サービスなど自動化されたサービス，比較的未熟練なオペレーターがモニターで監視するサービスそしてパイロットによる航空機操縦など熟練者による操作サービスに区分される。

5. サービスと物の性質の視点からの理解

　サービスと物を区別する方法がショスタック（Shostack 1977, pp.76-77）によって提唱された。無形の性質が強いか，有形の性質が強いかによってスケールで表している。例えば，コンサルティングは設備や道具を使用しなくても可能であることから無形性が強い。一方，自動車は本体と付属設備などの形があるので有形性が強い。無形性が強い代表として教育，コンサルティングなどサービスを挙げている。そして有形性が強い代表として塩，洗剤，自動車などの物を挙げている。その中間ゾーンにファーストフーズ，航空輸送等が位置している。

6. サービス行為の対象と性質の視点からの理解

　ラブロック（Lovelock 1988, 2007）に拠れば，サービスは人に対して行われるサービスと物に対して行われるサービスがある。それぞれ有形なものを扱うサービス行為と無形なものを扱うサービス行為が存在する。このフレームワークでサービスを理解すると判りやすい。人を対象にするサービス行為には人の身体に直接サービスするヘルスケア，美・理容，レストラン，旅客輸送サービスなどが該当し，人の心に向けられるサービス行為には教育，エンターテインメント，放送，情報提供，劇場，図書館，博物館サービスなどが該当する。一方，物を対象にするサービス行為には物を直接扱うサービスである空輸，機械装置の保守点検，クリーニングサービスなどが該当し，無形資産を扱うサービ

ス行為である金融，法律，会計，保険，安全サービスなどが該当する。

7. 対人接触度の視点からの理解

　サービス・マーケティング戦略を立案する際に重要なことは対人接触度が高いサービス行為か？そうでないか？という点を重視する必要がある。それによってサービス・マーケティングやマネジメントのやり方が変わってくる。対人接触度が高いサービス行為の代表的なものは医療・看護・介護が挙げられる。患者や介護対象者と医療・看護・介護サービス実施者が同じ場所，同じ空間，同じ時間を必要と共有する。つまりサービスの特性の一つである非分離性が高いサービスであり，サービス・エンカウンターが重要な問題となる。他方，自動車修理サービス，電気機器のメンテナンスサービスなどでは物の利用者とサービス実施者が同じ場所，同じ空間，同じ時間を共有する必然性は無い。その中間にコンサルティング，教育，ファーストフーズなどが位置する。

第3節　サービスの類型

1. 対人接触度が高いサービス

　提供するサービスの戦略策定を行うためには，まずサービスの対人接触度と提供するサービスの種類を軸として考えることが必要である。まず対人接触度が高いと思われるサービス・ビジネスについて考えてみたい。内科クリニックの医師は患者に対面的に接触し，病状を聞きだし，疾患名を特定し治療へと導くサービスを行う。そのサービス内容は的確な診断を下し，可能な限り早い病状緩和や改善に向かうように治療を行い，患者の容態の回復を目指すサービスを提供する。本書で取り上げた日本ブランド野菜のカンボジアへの導入を行うサービスはコンサルティングの事例である。経営コンサルタントはクライエントと対面的に接触して顧客から問題情報を聞き出し資料を入手し，自分が持っている専門的知識・経験を活用しクライエントの問題解決を目指してアドバイスを行うサービスを提供する。伝統的な日本の温泉旅館のサービス形態は温泉

や宿泊施設などを活用し、「おもてなし文化」と称す宿泊客への接遇を行って宿泊客に非日常的なゆったりとした環境を提供する。宿泊客が滞在している間、快適に過ごせるようなサービスを提供する。

これらのサービスの評価は事前期待とのサービス体験後の差異がポイントである。事前期待感と実際にサービス体験した後の満足感の差異によってサービスの評価が決定される。また、事前期待と事後満足の差異以外にサービスを受ける過程の評価も重要である。対人接触度が高いサービスほどサービス提供プロセスの途中での評価を無視できない。これらはサービス・マーケティングの重要な問題となる。

2. 対人接触度が低いサービス

次に対人接触度が低く、物が主役のサービスを考えてみたい。自動車修理サービスは自動車が中心のサービス・ビジネスであり、必ずしも修理依頼者は修理の現場にいる必要はない。その面では対人接触度は低いといえる。自動車修理サービスの内容は依頼者が自動車を必要とする日までにスピーディで的確な修理を済ませることである。本書で取り上げるアニメ制作・流通サービスはどうであろうか。アニメ制作は専門の個人や企業が行い、放送などのコミュニケーション経路を通じて世界中の視聴者に伝達されるのが一般的である。創作コンテンツであるアニメ作品を視聴者は楽しむ。放映された作品は放送終了後には視聴者の手元には残らない。この点ではアニメ作品の提供は無形性の特徴を持つサービス・ビジネスである。これらのサービスの大きな特徴はサービス提供後の評価が重要である。自動車修理後に以前よりトラブルが増加すればサービスの評価は最悪評価となりクレームの対象となるであろう、アニメ作品の視聴後に期待はずれであれば、視聴者はそのアニメを二度と観ないであろう。サービス提供プロセスの評価よりも「事後評価」が大きなウェイトを占めるサービスである。この点で対人接触度の高いサービスと異なる。

3. 物に付随するサービス

　上記2つの側面は対人接触度の両極端の例である。その中間ゾーンに位置するサービス形態も多く存在する。サービス・マーケティングやサービス・マネジメントでよく事例として扱われるサービスに航空会社の旅客輸送サービスがある。航空会社のサービスは航空機の利用と接遇サービスをミックスすることにより乗客に安全で快適な空の旅を提供する旅客輸送サービス・ビジネスである。ファースト・フードサービスの代表格であるマクドナルドのビジネスは基本的にはハンバーガーの製造販売である。店のカウンターで注文を受け，奥のキッチンでハンバーガーやポテトフライなど商品を製造し顧客に提供することである。メニュー掲載の商品を製造し，カウンターの客に直接手渡しする販売手法である。マクドナルドのようなビジネスは商品の製造販売に接客要素が加わり，スピーディに店内で商品を提供するというサービス内容である。

第4節　サービス・マーケティング・ミックス

　サービス・マーケティングではラブロックとライトによって8つのPが「サービス・マーケティング・ミックスの8P」として提唱されている（Lovelock & Wright, 1999. 邦訳2002）。現代の競争が激しい環境下で効果的なサービス・マーケティングの戦略を考える場合には8つの詳細なサービス特性をバランスよく調整して策定することが必要とされる。8Pの項目とは，①サービス・プロダクト（product elements），②場所と時間（place and time），③価格とその他のコスト（Price and other user outlays），④プロモーションと教育（promotion and education），⑤サービス・プロセス（process），⑥物理的環境（physical environment），⑦人（people），⑧生産性とサービス品質（productivity and quality）である。ここでは8Pを基準にしてサービス・ビジネス戦略を考えてみたい。

1. サービス・プロダクトとサービス・ビジネス

　サービス・ビジネスを遂行し顧客価値を勝ち取るためにはサービス・プロダクトの占める位置は最重要である。提供するサービス・プロダクトが市場に受け入れられないと他のマーケティング手法がどんなに優れたものであってもビジネスとしては成立しない。サービス・プロダクトの検討は企業にとってプロダクトの選択と集中をすることにより競争優位性を確立できることが可能になる。他方，顧客にとっては多数ある選択肢の中から価値あるサービスを購入することができることを意味する。

　基本的にはサービス・プロダクトの構成はサービス・ビジネスの中心を成す「コア・サービス」とサービスの価値を高める「補完的サービス」がある。ビジネス展開上，これらを効果的に効率よく組み合わせることが必要となる。コア・サービスと補完的サービスおよびサービス提供プロセスの組み合わせは「サービス・コンセプト」又は「サービス・パッケージ」と呼ばれている (Lovelock & Wirtz 2007. 邦訳 80 頁；Grönroos 2007, p.184)。コア・サービス自体が永遠に優位性を保つとは確約できない。その優位性が薄れた場合には補完的サービスの魅力を高める戦略が採られる。逆に，補完的サービスをあえて強調することにより，競争優位性を獲得することも可能である。

2. チャンネル戦略とサービス・ビジネス

　この戦略はサービス・デリバリー・システムとしてサービス・ビジネスの基幹的戦略である。顧客がサービスの提供を受けるにはサービス提供者の所へ出向くか，またはサービス提供者が顧客の所へやってくるかのどちらかである。これは流通戦略であると同時に立地戦略でもある。どのような場所で，どのようなやり方で，どのようなチャンネルで，いつの時点でサービスを提供するかという戦略は特に顧客と密接な関係を構築するサービス・ビジネスでは重要な検討要因であり不可欠な戦略である。現代では物理的チャンネル以外にオンラインチャンネルの占める割合が大きくなっている。インターネットや放送によるアニメの提供サービス，販売サービスなど多数思い浮かぶことができる。サー

ビス提供の場所・時間のマーケティング戦略はサービス・ビジネスの成否を左右する要因である。

3. 価格戦略とサービス・ビジネス

　価格は顧客にとってサービスを購入するかどうかの意思決定の基準の一つである。価格戦略はサービス・ビジネスにとっても重要である。特にサービスは事前に手にとって見比べることができない無形性・不可視性などの特性を持つゆえ，顧客が購入前に持つ事前価格イメージと実際の設定価格との差異の調整をしないとビジネスの基盤を揺るがすことになる。近藤によれば，価格はコストパフォーマンスの価値判断の情報を提供する機能をもっていると同時にサービスの品質推定機能を持っている（近藤 2010, 205–207 頁）。

　サービス・プロダクトの価格設定は販売業者では仕入れ原価にマージンを加えたマークアップ方式が一般的である。代表的な価格設定方式にはコストに基づく価格設定，競争に基づく価格設定そしてサービス価値に基づく価格設定がある（Lovelock & Wright, 1999. 邦訳 257–259 頁；Fisk, et al. 邦訳 158–170 頁；Zeithaml, et al. 1985, p.38）。

　サービスの価格設定の問題の一つに需要と供給のバランスの問題がある。サービス提供時期の閑散期と繁忙期の需要を平準化する努力の一環として通常より安価な価格設定を行う温泉旅館などの格安特別プランがそれにあたる。

　サービス・マーケティングでは「顧客は，あるサービスについて自分たちが考える価値以上には，代金を支払おうとはしない」（Lovelock & Wright 1999. 邦訳 259 頁）という点に注意を払う必要がある。

4. プロモーション戦略とサービス・ビジネス

　どんなに良い製品であれ，素敵なサービスであれ，顧客がその存在を知らなければビジネスとして成立しない。サービス・ビジネスでは提供するサービスの情報をいかに顧客に伝えるか？つまり効率良く効果的に顧客とコミュニケーションをとることができるか？そして顧客の購買行動を喚起できるか？の問題

がある。効率良い効果的なプロモーション戦略のためには顧客へ伝達する能力とそれを実行できる従業員の教育を忘れてはならない。

　自社のサービスに合致した最適なプロモーション・ミックス（広告，販売促進，人的販売，パブリシティ・広報活動など）を活用すること，サービスの有形化など顧客がサービスをより理解できるような仕組みを考えること，そして顧客にサービス・プロダクトの内容・サービス提供者・サービスのパフォーマンスの価値イメージを定着させる努力をすることによって顧客との双方向の相互コミュニケーション確立へと進む戦略が重要である。サービスは無形性・不可視性ゆえに,「一貫性を持った統合型コミュニケーション」(Fisk, et al. 邦訳172頁) は特に重要である。

5.　サービス・プロセス戦略とサービス・ビジネス

　「どのように」サービスを提供するかがマーケティング戦略において重要となる。「どのように」に当たるものがサービス・プロセスである。対人接触度が高いサービス・ビジネスほど顧客との関わりが多いため，サービス・プロセスの立案・設計・実行・検証・再立案というマネジメント・サイクルはより一層必要である。

　サービス・プロセスをうまく組み立てることによってサービス・プロセスに参加する顧客は視覚的にプロセスを観察できる。医療の現場や理髪・美容院・フィットネスクラブなどでは顧客がサービス・プロセスを一部でも見ることができる。一方，アニメの放送などを含む情報サービス・ビジネスでは顧客はサービス・プロセスには関与しないのがほとんどである。

　顧客参加の視点からサービス・プロセスは3つに大別できる（Grönroos 2007, pp.244-258）。第1に電話サービスのようにサービス提供者が顧客から離れてサービス提供を準備する場合には，サービス提供者は人的資源や技術・システムなどをサービス・プロセスにインプットするが顧客はあまり関与しない。第2は病院のようにサービス提供者と顧客が同時にサービス生産と消費を行う場合である。最後はアニメ放送などサービス提供者から離れて顧客が

サービスを生産し消費する場合のサービス・プロセスである。後者の2つの場合には顧客参加がサービス・ビジネスの成否に直接的に影響を与える。

　サービス・プロセスのアウトプット（成果）の視点から考えてみよう。サービス・プロセスのアウトプットには量的成果と質的成果の2種類がある。量的成果は需要に依存している。例えば，需要繁忙期や閑散期における内部資源の効果的・効率的な活用がポイントになる。一方，質的成果とは顧客の品質評価を意味している。サービス・ビジネスの収益増大には量的成果と質的成果の両方が重要である。サービス・プロセスに顧客が参加するほど量的成果（需要）が増大し，顧客のサービスに対するイメージは良くなり，質的成果も増大する（Grönroos 2007, pp.245）。サービス・ビジネスにおけるサービスの生産性管理には内部効率の面と外部効率の両面を重視しなければならない。

6. 物理的環境とサービス・ビジネス

　これはサービス施設の外観，ロゴマーク，サービスに使用する道具・機器類，サービス従業員の制服，パンフレットなどの印刷媒体を意味する。サービス行為が無形性・不可視性などの特性を持つゆえに顧客にサービスを認知してもらう戦略も必要である。サービス・マーケティング・トライアングルの事業組織と顧客の接点Xとはサービスを保証する"約束"がされる接点である。対人接触度が高いサービスを提供する組織は顧客にサービスを受けさせやすいような「仕掛け」が必要である。それは有形財を使用することもあれば，サービス内容をイメージできるようなロゴマークや清潔な制服などを用いる場合もある。顧客は少なくとも外的な物理的環境の要素を知覚してサービスに対して好印象を持つ場合もあれば逆の場合もある。対人接触度が低いサービス・ビジネスの場合は顧客がサービスを購入しやすい装置や道具を準備し，顧客がサービスを受けやすい環境を作ることが重要である。

7. 人的資源とサービス・ビジネス

　対人接触度が高いサービス・ビジネスの場合，サービス従事者と顧客のエンカウンターが重要な要素となる。サービス従事者は組織と顧客を結ぶバウンダリー・スパナーとして重要な役割を果たす。サービス提供組織はサービス技術や技能が顧客の期待と合致するように従業員の教育を行わねばならない。顧客はサービス従事者の顧客に接する態度やサービス技術の優劣などをもとにサービスの評価を行う。特に対人接触度の高いサービス・ビジネスほど優れた人的資源を確保できているかどうかがビジネスの成否を決定する。そのため，組織は理念の徹底を行い，サービス従事者にコミュニケーション技術の教育訓練などインターナル・マーケティングに力を注ぐ。一方，対人接触度が低いサービス・ビジネスの場合は顧客との距離が離れている場合が多く，確実にサービスを提供できるという約束を顧客にするためには顧客にサービスを受けるやり方を説明できる従業員の教育訓練のシステムを構築する。サービス・ビジネスの収益増大は組織内部の従業員の質に左右されるといって過言ではない。

8. サービスの品質・生産性とサービス・ビジネス

　生産性とサービス品質はコインの両面である。どちらか一方だけ偏重することはできない。コスト削減には「生産性」の改善が必要であり，サービスカットは顧客の不満につながる（Lovelock & Wirtz 2007. 邦訳 29 頁）。

　狭義の意味で品質は「欠陥がないこと（Armstrong & Kotler 2000, p.9)」と定義されるがサービス・マーケティングの世界では顧客との関係の視点で捉えられている。顧客満足と顧客価値という視点がそれにあたる。従来は機能が重視されてきたが技術の進歩に加え顧客の生活様式や嗜好の多様性が品質の範囲の拡張を生み出した。事前に一定のサービス内容が決定されていても実際のサービスは顧客によって実施内容も異なるため評価も異なる場合が多い。従ってサービスの品質評価はその時のサービス購入者の主観的判断しかも事後評価に拠る場合が多い。

　サービスの品質を考える場合にサービス提供者の論理および顧客の論理の両

面で考える必要があるだろう。サービス提供者の論理からみたサービスの品質は市場マーケティング調査などを基に設計したサービス・プロダクトおよびサービス・プロセスなどの水準を意味する。サービス提供者は最小の費用で最大の利潤を獲得できるように生産性と効率性を追求する。他方、顧客側の論理からみたサービスの品質は提供されたサービスが満足したかどうかを意味する (Fisk, et al. 2004. 邦訳第 10 章)。

　特に最近，医療の世界で問題になってきたように，サービス提供者とサービス購入者の間に情報の非対称性の存在がある。サービス提供者と購入者の情報の多少がサービス品質に対する考え方の相違にもなっているといえる。無形性・不可視性などを特性とするサービスはサービス購入者にとってサービス品質を評価する基準のよりどころが無い状態である。

　サービス・ビジネスを成功に導くにはサービス提供者は顧客に対して自社のサービスの内容を有形化するなどの手法を採用して，いかに上手に伝えるかが情報の非対称性の問題を克服するための方法となってくる。サービス提供者の論理と顧客論理の歩み寄りがサービス・ビジネスを成功に導く。

第 5 節　顧客満足，顧客価値とサービス・マーケティングの役割

1.　顧客満足と顧客価値

　結局，サービス・マーケティングにとって何が重要なのか。顧客がサービスを気に入って購入し，リピーターになってくれることがビジネスとして成功といえるのではないだろうか。言い換えれば，サービス・マーケティングの基本は顧客をいかに満足させ，価値を高めるかということであろう。

　顧客満足とはサービス・プロダクトやサービス提供過程で知覚されるパフォーマンスとサービス購入者の期待から生じるものである。顧客はサービス・プロダクトやサービス提供過程の広告宣伝などを見て良さそうだなと思えばサービスを購入する。サービスを受けている途中やサービス終了後に感じる水準が期待したとおりか期待以上であれば満足するであろう。他方，期待と異

なるパフォーマンスならば失望するだろう。サービス・ビジネスではさまざまなニーズや嗜好を持つ顧客にどのようにしたら顧客満足を達成できるかを検討することが課題となる。

　顧客価値とはサービスを購入するために支払う金額と顧客がサービスを購入することによって得られる価値の差異を意味する。対人接触度が高いサービス，例えばエステの代金に3万円を支払ったとしよう。エステサービスを受ける過程や出来栄えを顧客はどう感じるだろうか。3万円に見合う価値があると顧客が喜びを感じたら顧客価値が高いサービスとみなされる。一方，広告宣伝を頻繁に行い面白そうな内容をアピールしたアニメの有料放送を購入して番組終了後に落胆したとしたら，そのアニメは購入金額に比べ顧客価値は低い。

　サービスのマーケティングで最大の問題はすべての顧客が提供されたサービスを満足するかどうかということにある。対人接触度が高いサービスほど，サービスが同じ水準で提供されるとしても顧客毎に受けたサービスの捉え方は異なるという問題がある。ある顧客にとって好ましいサービス内容であっても他の顧客にとっては不要だと感じるかもしれない。

2. 顧客ロイヤリティの獲得と"失望のパフォーマンス"

　顧客ロイヤリティの獲得は事業成長の面で重要なポイントである。リピーターを増やすには顧客満足および顧客価値の最大化が重要である。サービスを初めて購入する顧客は新鮮な期待感を抱き，過去に同様なサービスを体験した顧客は経験に基づく期待感を持つ。自分の過去の体験，家族・友人・知人の話，インターネットの口コミ情報，広告宣伝などサービス提供者による情報提供，競合相手による情報提供そして保証などの情報から判断して持たれる期待感を顧客期待という。顧客の事前期待があまりに大き過ぎると，実際のサービス体験を過小評価するきらいがあること，反対に事前期待が小さすぎると実際のサービス体験が高評価され満足感は味わえるが，必ずしもそのサービスは顧客を魅了するものではないということを考慮に入れる必要がある。この問題は，顧客期待と実際のサービス結果とのサービス・ギャップ（Bateson & Hoffman

2011, p.327)または過剰宣伝による高期待感からくる「失望のパフォーマンス」[3]につながる。

3. 顧客誘導の"手がかり"

　サービス・ビジネスでは顧客にサービスを受けてもらえるようにするための入り口とサービスを受けた結果が満足のいく結果となったかどうかの出口の両方を設置する。顧客をサービスの入り口に誘導するための"手がかり"としてサービス提供者の制服，ブランド名，デザイン，価格，店舗の外観，ロゴマークなど環境要素（Bitner 1992）がある。これらは顧客の目に直接映る外在的手がかりである。外在的手がかりはサービス・プロダクトの品質と直接結びつかないが，顧客にとってサービスをイメージ・連想できる材料となる。つまり顧客の購入意思決定の背中を押す働きを持っている。他方，サービス従事者の技能・技術など内在的手がかりは品質を直接イメージ・連想できる手がかりである。しかし，内在的手がかりはサービス購入前には経験できない情報である（山本 2010, 107-109頁）。従って，顧客がサービスにロイヤリティを抱きリピーターになるかどうかの判断は内在的手がかりが大きなウェイトを占める。

　内在的・外在的手がかりの複合的な手がかりもサービス・マーケティングでは無視できない[4]。「サービス製品を構成する要素を統合的に知覚させるために利用される手がかりでも，その利用方法に違いがある」（山本 2010, 126頁）ことを理解しておくべきである。内在的手がかりはサービス購入以前には獲得できない要素である限り，顧客は外在的手がかりだけで判断せざるを得なくなる。サービス・ビジネスもビジネスとして最大限の利潤を得ることが宿命である。従って，施設の外観などのビジュアル・イメージ情報だけでなく，サービスそれ自体のビジュアル情報が極めて重要となる。

4. サービスの評価

　現代社会は多様性が特徴になっている。サービスの評価は，たとえ同じサービスを受けたとしても顧客ごとに異なる評価が下されるであろう。評価とは個

人の知覚に基づいたものであることがサービスの評価を複雑かつ困難なものにしているといえる。顧客が自分の欲求期待とサービスの結果推定の予測をもとにサービスを受けるかどうか意思決定する段階，サービスを受けている最中に起きる品質に疑問を持つ段階，そしてサービスを受けた後に支払うべき金額に見合う期待通りのサービスであったかどうかの段階でサービスは評価される。

　これらの評価の段階は切り離されたものではなく，すべて繋がっている。事前にサービス提供者から十分に説明されずにサービスを購入した場合，事前期待と結果の差異が大きいほど顧客の不満は大きくなる。

　品質の問題も対人接触度が高いサービスとそうでないサービスを比べて考える方が良いと思われる。特に対人接触度が高いサービスほどサービス・エンカウンターの地点での顧客との相互作用の出来不出来がサービスの品質に影響する。すなわち相互作用の密度が問題になるのであって，繁忙期では顧客の数も増加し一定のサービス基準が維持できなくなることが想像される。近藤が言うように「顧客にとってのサービス・エンカウンターの質は，顧客の数によって左右されるという経験則がある」（近藤 2010, 115 頁）。

　一方，対人接触度が少ないサービスの質の評価はどうであろうか？顧客との相互作用の頻度と密度はかなり少ない時，顧客はサービスの品質をどのように評価すべきであろうか。一つの手がかりは，サービス提供者の"約束"が基準になる。自動車修理サービスを考えてみよう。修理を依頼して，いつまでに修理をするという"約束"がなされる。約束の当日に修理ができておれば顧客は満足するであろう。しかし，自動車を取りに言っても修理ができていない時には，顧客は「どうして連絡してくれないのか？」などと文句を言うであろう。この場合，サービスの質を評価する基準は"約束"が守られるかどうかである。

　サービスの品質を評価するツールにSERVQUAL尺度がある。サービスの品質について顧客がどのような評価をするか，属性を基準として測定する方法である。サービスを受ける前の期待感を測定しサービスを受けた後で実際に受けたサービスの知覚を測定する1種のギャップモデルである。測定基準は基本的には5つの次元，すなわちサービス提供者の施設外観や従事者の制服など

外形面の要素，信頼性としてサービス提供者が"約束"を守るかどうか，ミスなく正確なサービスを実施するかどうか，顧客の要求への対応力や顧客に正しい情報を提供し適切なサービスを提供する対応力，確実性として顧客に安心感を与える組織・従業員の誠実な態度，業務上必要な知識保有，そして共感性として顧客の問題理解と顧客配慮，顧客の利便性考慮などから構成されている（Parasuraman, et al. 1988 ; Grönroos 2007）。

　このツールは実務的には一般化されておらず，ラブロックが主張するように，「サービス品質に対する顧客評価を把握するのは容易ではなく，サービスに合わせた基準と手法が必要である」（Lovelock & Wirtz 2007. 邦訳 421 頁）。いずれにせよ，サービスは「人間」が行う行為であることを念頭においてサービスを理解しマーケティング戦略を考えることが重要である。

注
（1）導入書籍としては，山本昭二『サービス・マーケティング入門』，および近藤隆雄『サービス・マーケティング 第 2 版』を最初に読むことを勧める。サービスの概念と品質については山本昭二『新装版 サービス・クォリティ』第 1 章などを読むことを勧める。サービス・マーケティングを詳しく勉強されたい方は，白井義男監修・武田玲子訳『ラブロック＆ウィルツのサービス・マーケティング』を推薦する。
（2）本論では，引用など特別な場合を除き，サービスに対する概念としての有形財を「物」と表現する。製造業者が製造した物を「製品」と呼ぶ。
（3）「失望のパフォーマンス」とは事前に過剰にインプットされた情報に基づいて形成された期待感がサービスを受けた結果，崩壊することを意味する村上の造語である。
（4）複合的手がかりの議論は山本 2010, 201-203 頁および 225-226 頁に詳しく説明されている。

［欧文文献］

Albrecht, K. & Zemke, R. (2002), *Service America in The New Economy*, The McGraw-Hill Companies, Inc.（和田正春訳（2003）『サービス・マネジメント』ダイヤモンド社）。

Armstrong, G., Kotler, P. (2000), *Marketing : An Introduction, 5th ed.*, Prentice-Hall, Inc.

Bateson, J. E. G. & Hoffman, K. D. (2010), *Service Marketing, 4th ed.*, International Edition , South-Western Cengage Learning.

Bitner, M. J. (1992), "Servicescapes : The Impact of Physical Surroundings on Customers and Employees," *Journal of Marketing*, Vol.56 April.

Bitner, M. J., Booms, B. H. & Mohr, L. A. (1994), "Critical Service Encounters : The Employee's Viewpoint," *Journal of Marketing*, Vol.58 Oct.

Czepiel, J. A. (1990), "Service Encounters and Service Relationship : Implications for Research," *Journal of Business Research 20*.

Fisk, P. R., Grove, J. S. & John, J. (2004), *Interactive Services Marketing*, 2nd ed., Houghton Mifflin Company. (小川孔輔・戸谷圭子監訳 (2005)『サービス・マーケティング入門』法政大学出版局)。

Grönroos, C. (2007), *Service Management and Marketing : Customer Management in Service Competition, 3rd ed.*, John Wiley & Sons, Ltd.

Kotler, P. (1988), *Marketing Management : Analysis, Planning, Implementation, and Control, 6th ed.*, Prentice–Hall, Inc.

Kotler, P. & Armstrong, G. (1989), *Principles of Marketing, 4th ed.*, Prentice–Hall, Inc. (和田充夫・青井倫一訳 (1995)『マーケティング原理−戦略的行動の基本と実践−新版』ダイヤモンド社)。

Levitt, T. (1974), *Marketing for Business Growth*, McGraw–Hill Companies, Inc. (土岐坤・DIAMONDハーバード・ビジネス・レビュー編集部訳 (2002)『レビットのマーケティング思考法−本質・戦略・実践−』ダイヤモンド社)。

Lewis, B. (1997), "Service Marketing," *The Blackwell Encyclopedia Dictionary of Marketing*, edited by Lewis, B. R. and Littler, D. Blackwell.

Lovelock, C. H. (1983), "Classifying Services to Gain Strategic Marketing Insights," *Journal of Marketing*, Vol.47 Summer.

Lovelock, C. & Wirtz, J. (2007), *Service Marketing : People, Technology, Strategy, 6th ed.*, Pearson Education, Inc. (白井義男監修・武田玲子訳 (2008)『ラブロック&ウィルツのサービス・マーケティング』ピアソン・エデュケーション)。

Lovelock, C. & Wright, L. (1999), *Principles of Service Marketing and Management*, Prentice–Hall, Inc. (小宮路雅博監訳 (2002)『サービス・マーケティング原理』白桃書房)。

Parasuraman, A., Berry, L. L. & Zeithaml, V. A., (1991), "Refinement and Reassessment of the Servqual Scale," *Journal of Retailing*, Vol.67 No.4.

Parasuraman, A., Zeithaml, V. A. & Berry, L. L. (1988), "Servqual : a multiple–scale for measuring consumer perceptions of service quality," *Journal of Retailing*, Vol.64 Spring.

Shostack, G. Lyan (1977), "Breaking Free from Product Marketing," *Journal of Marketing*, Vol.41 No.2.

Sichtmann, C., Griese, I. & Klein, M. (2007), "Determinants of International Performance of Services A Conceptual Model," *Betriebswirtshaftliche Reihe*, Freie Universitat Berlin.

Stoner, J. A. F. & Wankel, C. (1986), *Management, 3rd ed.*, Prentice–Hall, Inc.

Zeithaml, V. A., Parasuraman, A. & Berry, L. L. (1985), "Problems and Strategies in Service Marketing," *Journal of Marketing*, Vol.49 Spring.

[邦文文献]

石井淳蔵（1999）『ブランド 価値の創造』岩波新書。

折笠和文（2007）「マーケティングの新定義と最新理論をめぐる解釈−激変するマーケティングの世界とその批判的見解−」『名古屋学芸大学 教養・学際編・研究紀要』第3号。

小宮路雅博（2010）「サービスの諸特性とサービス取引の諸課題」『成城・経済研究』第187号。

近藤隆雄（2010）『サービス・マーケティング 第2版』生産性出版。

田内幸一・浅井慶三郎監修（1994）『サービス論 サービスへの多面的アプローチ』株式会社 調理栄養教育公社。

田中滋監修・野村 清著（1996）『サービス産業の発想と戦略−モノからサービス経済へ−改訂版』電通テック。

羽田昇史（2004）「サービス産業のマーケティング」『大阪明浄大学紀要』第4号。

服部勝人（2008）『ホスピタリティ・マネジメント入門 第2版』丸善。

三浦 一（1989）「サービス・マーケティングの問題点と戦略」『産業経営研究』第9号。

山本昭二（2007）『サービス・マーケティング入門』日経文庫。

山本昭二（2010）『新装版 サービス・クォリティ サービス品質の評価過程』千倉書房。

第3章　サービス・ビジネスの国際化とマーケティング

第1節　サービス・ビジネスの理解

　製品であれ，サービスであれ，企業が国内市場の飽和・衰退傾向打破，販売不振克服などの理由で，またさらなる成長を期待して海外に販路を求め，新市場開拓目的で進出するのは当然の流れといえよう。国内のビジネス展開以上に海外に進出する場合にはリスクファクターを念頭において戦略を策定することが必要である。本国と進出先の国ではさまざまな"違い"が存在している。安易に海外に進出して計画通りの販売を達成できずに撤退する企業は本国と進出先の"違い"を海外進出戦略策定に盛り込んでいない場合があるかもしれない。海外進出経験がない企業が進出する場合やベンチャーが海外進出する場合でも，この問題にぶちあたるであろう。製造業の海外展開については幾多の先行研究が存在するがサービスの国際化についてはあまり触れられていないのが実態である。

　現代ではサービスの重要性は以前に比して増加する傾向にある。それは世界的経済環境の変化が原因として挙げられる。第1に労働集約的製造業が先進国から低賃金経済国へ大部分移行したことによる「産業空洞化の影響」が大きく，国内の経済行動が非製造業へシフトしていることが挙げられる。第2に製造業がグローバル化した結果，製造業に提供している保守サービスなどが取引先に追随して国際移動せざるをえなくなったこと。第3にメディア，旅行，コミュニケーションなどのテクノロジーが統合され国境の重要性が薄くなってきたことに加え，先進諸国では物が豊富になってきたことから消費者はより一層のサービスを欲しがる傾向が強くなってきた。そしてGATTウルグアイラ

ウンドで，3兆9千億ドル規模に成長した世界のサービス市場のために初めて通商ルールを策定したことなどが挙げられる（Cicic, et al. 1989）。

　日本経済の歴史に象徴的な事態が起きたのは 2011 年度に初めて国際収支の貿易額が輸入超過状態になり国際収支が貿易赤字に転落したことである。財務省データ[1]によると，輸出が 62 兆 6,276 億円であるのに対して輸入額は 66 兆 973 億円となりマイナス 3 兆 4,697 億円となった。財とサービスの合計ではマイナス 5 兆 2,964 億円と大幅な赤字状態を示した。サービスの国際収支は以前よりマイナスであった。2011 年度ではマイナス 1 兆 8,267 億円となり 2004 年度のマイナス 3 兆 5,947 億円より赤字幅は半減したといえ，まだ大きな赤字状態が続いていることには違いない。日本は輸出大国と国際的にも認められる存在であるが輸入超過に陥ったことは日本経済にとって危機的状況を意味する。

　日本経済を再浮上させるためには日本の得意とする輸出による外貨収入を増やす方策を採ることが急務であるといえる。輸出活性化と積年の赤字収支から脱却するためにサービス産業の国際化という推進力が必要である。サービス産業の国際化に関して言えば，世界的に活発化している医療ツーリズムによる海外観光客の増加促進活動が経済産業省を中心に推進されている。しかし，昨今の東日本大震災とそれによる原子力発電所の放射能汚染物質の飛散と汚染水の流出の問題の影響，ならびに日本諸島の侵犯問題および長期にわたる円高の影響による海外からの観光客の減少が続いている状況である。他方，外貨獲得手段としてサービス業の海外進出が考えられるが，国際収支表の数値で明らかなように日本のサービス産業の赤字状態が継続していることから日本の国際競争力の弱さが浮き彫りになっている。

　ジェトロの『平成 24 年度「サービス産業の海外展開実態調査」』においても日本のサービス産業は国内 GDP の約 7 割を占める巨大産業であるのもかかわらず，典型的な内需型産業であり，海外進出は諸外国に比べて立ち遅れていると指摘されている。しかし，ジェトロ集計の 2012 年の対外直接投資額を見ると，非製造業の比率は 59.75％と製造業の 40.25％を大きく上回って積極的

に海外直接投資活動を行っていることが判る。この傾向は年々非製造業の占める割合が大きくなっている。

製造業と異なりサービス業は物を生産しないという特性を持っている。その点でサービスは非製造業として分類されている。日本では第三次産業をサービス産業と規定している。第637回統計審議会ではサービス産業を第三次産業と同義に取り扱い，エネルギー・通信・運輸・卸・小売なども含んでいる。サービスの特徴である無形性を基準にした場合には有形財取引の卸や小売業を除く場合もある。日本標準産業分類では第三次産業のうち電気・ガス・熱供給・水道業，情報通信業，運輸業，卸・小売業，金融・保険業，不動産業，飲食店，宿泊業，医療，福祉，教育，学習支援業，複合サービス業，公務に分類されないもの，と規定している。

第2節　サービス・ビジネスの類型

サービスに基礎を置くビジネスの国際化を考える際にはサービス・ビジネスを3つの「レンズ」で見ることが重要である（Lovelock & Yip 1996）。第1のレンズはサービスに基盤を置くビジネスは製品に基盤を置くビジネスと違った特徴を持っていること，第2のレンズは自社のサービスがサービスの3つの分類のどれに当てはまるかを特定すること，そして最後のレンズは海外進出する際の戦略策定において直接的役割を果たす8つの補完的サービスを無視できないことである。なぜなら，8つの補完的サービスは核となるサービス提供を強化する役目を持っているからである。

1. 対人接触度が高いサービス・ビジネス

第1は対人接触度が高いサービス・ビジネス（人に作用するサービス：people-processing service）である。このサービスは顧客とサービス従事者のコンタクトの度合いが高いという特徴ゆえに，顧客がサービス提供プロセスに参加し，サービスの共同生産者と位置づけられるサービスである。つまり生産と消費が

同時に行われるという特徴を持つサービスである。例として，病院という施設を利用するヘルスケア・サービス，航空機を利用する人の輸送，レストランという場所での飲食サービス，ホテルを利用する宿泊サービス，図書館を利用する人への書籍の貸出サービスなどが該当する。そこではサービス従事者が顧客とコンタクトをとりながらサービスを提供している。

2. 物的付随サービス・ビジネス

第2の分類は物的付随サービス・ビジネス（物に作用するサービス：possession–processing service）であり，顧客が所有するモノの価値を高めるために物を扱うサービスである。このサービスでは顧客がサービス提供プロセスに参加する必要性はほとんどないため顧客はその場にいる必要はない。さらにサービス消費や評価はサービス生産が終了した後に行われる。自動車修理サービス，機械設置サービス，機械設備のメンテナンスサービス，洗濯サービス，廃棄物処理サービスなどが該当する。顧客密着度が低い代わりに立地戦略が重要な要素となる。顧客に近接したサービス拠点設置が重要であるが近年のIT技術進歩は問題の診断・解決に関する距離を短縮してくれる場合もある。

3. 情報提供サービス・ビジネス

第3の分類は情報提供サービス・ビジネス（情報サービス：information–based service）である。顧客の情報を処理するサービス，顧客に専門的サービスを提供するサービスなど，情報を収集し，解釈し，伝達することによって価値を創造するサービスである。例えば，経理処理サービス，金融サービス，カンボジア農家への日本流の農業技術指導などのコンサルティングサービスである。ただし，顧客との密接な対面的コミュニケーションが必要な場合もある。この場合は顧客高密着度サービスに分類することができる．教育サービス，保険サービス，弁護など法的サービスなどが該当する。最近では，IT技術の進歩により端末機の活用などにより必ずしも顧客近接が必須というわけでない（Lovelock & Yip 1996；Kasper, et al. 1999；Lovelock & Wirtz. 邦訳 2008；Yip &

Hult 2012)。上記の分類はサービス・ビジネスの国際化マーケティングを検討する場合に有用である。それぞれ，サービス提供の対象，やり方も異なり，マーケティングの手法も異なると考えられる。

第3節　国際化について

1. 国際化の動機

　国際化の動機を企業レベルで考えてみよう。なぜ海外に進出しなければならないかという経営戦略的問題が企業経営者に突きつけられる。第1に国内市場における需要が飽和・衰退・未成熟のときに，また競争激化の時に成長をするために販売市場を求めて海外に進出する。第2は資源調達である。天然資源など事業遂行に必要な資源を求めて海外に進出していくことになる。第3に日本企業の歴史で特徴的な事例を思い出すと理解しやすいが，1980年代に自動車産業はアメリカや欧州との国家間の貿易摩擦の影響を回避するリスクマネジメントとして欧米に生産工場を設置した。これが国際政治システムとの調和を求めて海外に進出する動機である。第4は国際経済システムとの調和を求めて海外進出するケースである。1985年のプラザ合意以降，急激な円高が加速し，日本の輸出産業は大打撃を受けた。為替リスク回避策として日本の製造業は海外に生産拠点などを設置した。つまりリスク回避と経済制度の違いが大きな動機となっている。

　さらにグローバル化の進展に伴い，国際的にマネジメントを効率化することが経営上求められてきたこと。これが第5の動機である。それは企業にとって国際経営を行う上でチャンスでもある。経営の現地化という表現に代表されるように，現地市場に合致した効率的経営を行うことが国際企業として成功する要因の一つとなっている。最後に，日本企業特有の理由であるが，島国である日本は国境が海で囲まれているため国外との交流は容易ではなかった。つまり海外諸国と地理的距離が離れている存在である。海外に対するあこがれや海外への夢など経営者にとっても海外進出は大きな希望であるといえる。グロー

バル経営を行っている企業などとアピールすること自体が他の企業との差別化になっていることもあるだろう。つまり，経営者の海外進出への意欲とベンチャー的精神は国際化推進の重要な要因である（Kasper, et al. 1999, pp.383-432；伊丹・加護野 1993；吉原 2001）。

2. 国際化に関する概念

　最初に「国際化」に関する概念を整理しておきたい。本書では，国際化は単純に国境を越えてビジネスを行うことを意味し，国際経営とは国の内部で行われる国内経営に対して，国境を越えて，または国境をまたいで行われる経営を意味する（吉原 2001）。その後さまざまな国に拠点を設置してビジネスを行う場合を多国籍化と理解する。グローバリゼーションとはビジネスの展開が地球全体に拡張することを言うが，厳密には単に地球のあらゆる国でビジネスを展開している姿だけではグローバリゼーションの状態であると言うことはできない。グローバルに展開しているということはグローバル戦略を持っていることが要件である，単に地球上の至る場所で事業展開しているという事実だけではグローバル戦略を持っているとは言えない（Lovelock & Yip 1996）。

　グローバル・ビジネスとはレヴィット（Levitt 1983）やフリードマン（Friedman 2005, 2006）が主張するように，通信技術や輸送技術の進歩により世界中に新しい情報が流れ，製品もスピーディに世界中に輸送されるようになって，生活様式など徐々に類似化し同質化していき，世界の国に横たわる壁が次第に取り除かれ地球全体がフラットな状態になっていく。そして，ひとつの巨大な地球市場が形成される。その巨大な地球市場をひとつの市場とみなして戦略策定し，ビジネス活動を行う場合に当てはまる概念である。社会学者ギデンズ（Giddens 2006）もグローバル化とは人々がますますひとつの世界を生きるようになり，個人や集団，国が＜相互依存＞の度合いを高めるという事実をいうと定義する。経営学的に言うとグローバリゼーションとは世界をひとつの市場としてみなし，それを対象にした戦略を策定しビジネス活動を行うことであり，つまりグローバル戦略を策定し実行している状態を意味する。グローバル・マーケ

ティング戦略の目的はグローバル市場におけるオペレーションと問題解決システムの統合と合理化の最適な組み合わせを見つけることにある（Alimiene & Kuvykaite 2008, p.37）。最近の国際経営の実態を反映してグローバリゼーションを，企業のビジネス活動が世界中の経営資源を活用するようになり，それをネットワーク化していく状態（永池 2008）と定義する見解もある。

第4節　サービス・ビジネスの国際化

1．一般的な海外進出の方法

　一般的に海外進出の戦略には三つの方法がある。一つは自社に海外展開できる機能が欠如している場合には，総合商社や専門商社などの専門仲介業者を経由して輸出を行い現地販売する。これは非統合的参入モードと言われる。次は海外の企業にサービス行為を委託するライセンシング契約・フランチャイズ・ビジネス契約である。そして販売子会社や生産工場を独資で設立する海外直接投資であり，それぞれ海外市場に物理的なアクセスを行う。これらのモードは統合された参入モードと言われ，経営資源を投入するためリスクを負う方式である。現地の支配管理の視点でみると直接的な経営コントロールが可能であり，物理的に現地に姿を見せるという顧客へのアピールが可能となる。上手く経営すればハイ・リターンが期待できる。海外直接投資では品質維持管理や顧客への高品質保証サービスも自社で行うことができる利点がある。そして海外ビジネス経験や知識の獲得・蓄積が可能になる。反面，失敗すると損失コストも巨額で全額負担となるリスクも持っている。

　オーソドックスな海外市場進出戦略では外部環境要因と内部環境要因を吟味することによって適切な進出方式を決定する。外部環境要因とは市場の魅力度つまり市場規模やリスクの大きさ，政府規制の厳しさ，競争環境の厳しさ，現地国のインフラ整備の度合いなどである。これらはあくまでも進出候補国の環境に軸足を置いて検討するやり方である。しかし戦略策定における成功か失敗かは進出候補国の本国との"違い"の診断を意識的に行ったか否かで決まる。

成功する進出戦略を練るには，"違い"の診断が不可欠である。

2. 海外市場の選択

　サービス・ビジネスの国際化では進出先の選定の問題に直面するが，その選択の助けとなる基準がいくつかある。サービスのユニークさ，技術的優位性，サービス・プロダクトの内容の優位性が極めて重要な基準である。そして，国際経験と市場知識の有無が参入国の選別や参入方式に影響を与える（Cicic, et al. 1999, pp.90-91)。

　具体的には，第1に自社のサービスが海外の潜在的顧客にどのようなベネフィットを提供できるのか，顧客が期待し要求するサービス品質のレベルに対応できるのか，それらを満たすような経営資源が自社にあるかどうかという優位性を検討することから始めることが重要である。第2は市場要因の把握である。市場規模，市場成長率，市場における競争状態，市場細分化の可能性等のチェックが必要である。第3に，経済的・物理的インフラストラクチャーの存在，貿易上の障害や規制の存在，最後にサービス提供者とサービス受容者の相互作用が挙げられる。本国で実施している顧客とのサービス・エンカウンターが進出先の国でも通用するかどうかが重要な検討要因である。特に進出先の国の規範，価値や文化に適合するかどうかは顧客接触度が高いサービス・ビジネスほど重要な問題である（Kasper, et al. 1999, pp.394-395)。

　国際経験の少ない企業は文化的リスクを減らすため，本国とよく似た文化を持つと推測される国への参入を好む傾向がある。そのような国では本国で経験があるサービス提供プロセスを実践しやすいからである（Cicic, et al. 1999, p.97)。国際ビジネスの経験を蓄積するにつれて本国から距離が離れた文化の異なる国へ，経営コントロールが可能な参入方式を選択しながら参入する。

3. 海外市場への参入方式の選択

　一般に海外市場参入方式は目的によって，企業内部の経営資源保有などの条件によって，また海外事業展開のタイミングに沿って参入戦略が採用される。

そして,経営リスク防護の観点からリスクが極力少ない参入方式を採用する[2]。

サービス・ビジネスの種類によって,また内部の経営資源の活用可能性によって異なる参入方式を検討する必要がある。本国のサービス生産拠点の移動ができにくいサービスには輸出戦略が採用されるだろう。ブランドを保有する企業はブランドの強みを武器に海外企業と契約するライセンシングやフランチャイズ方式が考えられる。他方,進出先の国にサービス拠点を立地しなければならないビジネスでは合弁方式,吸収合併方式,そして自社資金で現地にサービス提供拠点を開設する海外直接投資方式を行う。参入方式は海外ビジネス経験や知識の有無,コントロールの必要の有無,そしてリスクの知覚の程度によって異なる。

参入方式の類型[3]
[輸出型]
　　間接輸出 (indirect export via agents)
　　共同輸出 (cooperative export)
　　直接輸出 (direct export)
[契約型]
　　ライセンシング・フランチャイジング (licensing–franchising)
　　海外生産契約 (foreign contract manufacturing agreement)
　　海外事業運営管理契約 (management contracting agreement)
　　合弁 (joint venture)
[完全所有子会社型]
　　吸収合併 (merger & acquisition)
　　海外直接投資 (foreign direct investment)

サービス・ビジネスの海外進出のために必要な実際の設備など物理的環境の検討は不可欠である。特に,対人接触度が高いサービス・ビジネスである病院,レストランやホテルなどでサービス提供に物的資源が不可欠な産業や専門

職サービス産業は進出先にサービス提供の拠点設置が不可欠である。一方，知識や情報に基盤を置く産業は技術要素が重要な役割を果たす。ソフトウェアや情報提供サービス産業ではCDのような有形物とソフトのような無形物の組み合わせが可能なサービスは輸出方式が可能となる。本書で取り上げたアニメの海外進出などはこの事例である。このように自社のサービス・ビジネスがどのような種類であるかを明確に規定することによって効率良い最適な参入方式が選択できる。

4. サービス・ビジネスの海外進出可能性の診断

　サービス・ビジネスが海外の進出候補国へ進出できるかどうかの潜在的可能性をマクロ的に産業ベースで検討する立場がある（Yip 1992, 2010）。イップのフレームワークは製造業を念頭に置いて開発されたものと考えられるがサービス・ビジネスの海外進出にも参考になる。サービス産業に置き換えて考えるとサービス産業の海外進出の可能性は進出先の市場が自社のサービス・プロダクトでもって参入できる状態にあるかどうか，進出に関する政策・規制がどの程度のものかどうか，コスト面はどうか，また市場の競争状況はどうか，これらの項目を診断することによって，当該国に経営資源を投入して十分な成果を達成できるかどうかの判定が進出検討時に行うことができる。

　市場参入実行時の戦略策定に必要な診断に使用する項目として市場誘因，コスト誘因，政治的誘因そして競争誘因の四つの誘因を基準にして進出候補国への進出可能性を診断し（Yip 1992, 2010），参入方式の選択，標準化・現地適応化の選択，そしてサービス品質の差別化などの検討を行い参入戦略策定に続く。

　しかし，忘れてならないのは，進出可能性を診断する前に，自国と進出候補国の"違い"を鮮明にすることが重要である。一般的に企業は進出候補国の情報について2次的データを使用してマクロ的に経済状況や社会状況を分析し，さらに現地で市場調査を行うことによって市場参入に必要な情報を入手して進出可能性を判断する。意外にも本国と進出候補先の"違い"をあえて特定することはしていないのではないだろうか。いくら通信技術が進歩し生活様式が同

質化・類似化して地球がフラットになってきたといっても，また輸送技術が進歩して地球上の時間的距離が短縮されてきたといっても，現実のビジネス世界では本国と進出先のホスト国の間にはまだまだ大小さまざまな壁が横たわっている。

"違い"には文化的違い，地理的違い，制度的違い，経済的違いの四つの側面があり，それらを明確にした上で，市場誘因・コスト誘因・政治的誘因・競争誘因の面を整理することが重要である。そしてコア・プロダクトの進出可能性を診断するという手順が妥当であろう。なぜなら，ホスト国への進出が可能であるかどうか，可能性があるとすると"違い"にどう対処すれば成功する進出となるのかどうかを判定することができるからである。戦略策定の方向性として，"違い"を超越する戦略が適切と診断されれば標準化戦略を採用することが適切であろう，ホスト国との"違い"を埋めることが重要だと診断されると現地適応化戦略が採用されるだろう，さらに"違い"を活用する戦略を採ることも必要となるであろう。

第5節　サービス・ビジネスの国際化の加速要因と阻害要因

1.　加速要因

　サービス・ビジネスを海外でマーケティング活動を積極的に展開するための組織内部の加速要因を観てみたい。まず経営者の海外進出への意欲とリスクを恐れないベンチャー的精神が必要である。経営者の経営力，態度，信念そして発言は海外進出志向に大きな影響を与える。そして自社のサービス・ビジネスの種類によっても異なる国際化方式を採る必要がある。生産と消費が分離できるソフトウェア企業やエンジニアリングデザインのような製品と強く結びつく「ハード・サービス」の場合にはコミュニケーション技術や文化的距離にあまり影響を受けないため輸出も可能である。逆に生産と消費が分離できない市場サービスを提供するレストランやヘルスケアのような「ソフト・サービス」は輸出の方法は採りにくく，契約による進出方法が可能なため現地適応化のス

タイルが採用されやすい (Cicic, et al. 1999, pp.83-84 ; Erramilli & Rao 1990, pp.140-141)。

　サービスの国際化を加速する外的要因として，一般に財政面と競合面の刺激が誘因となるが (Cicic, et al. 1999, pp.97-98)，ラブロックらは世界の国にどの程度共通の顧客ニーズや嗜好が存在するかどうかという市場要因，内外競合企業との競争要因，進歩する情報技術のような技術要因，内外価格差などのコスト要因，国家による外資導入促進などの政策要因を挙げている (Lovelock & Wirtz. 邦訳 131-133 頁)。イップは産業のグローバル化推進要因として共通の顧客ニーズなどの市場誘因の存在，内外価格差や効率的資源活用などのコスト誘因の存在，好ましい通商政策やマーケティング規制などの政治的誘因の存在そして海外企業の参入の有無などの競争誘因の存在の四つの推進要因を基準にして考察する必要性を示唆している (Yip 1992, 2012)。

2. 阻害要因

　海外に市場を求める場合は国内売上低迷で打開策が無い場合や好調な業績である場合の両極端もあるが，いずれも社内で抵抗勢力による反対が起きやすい。業績が悪い時は，海外志向より国内ビジネスのマーケティング活動に専念すべきであるという意見が出やすい。他方業績が好調な企業では現状を維持していくべきであり，海外に目を向けるより国内で競争に打ち勝ち成長すべきであると国際化に反対する意見が出やすい。従って，国際化志向の社内文化の形成は経営者を先頭にして構築すべきである。国際化の落とし穴は経営層の海外ビジネスに関する知識不足が挙げられる。国内ビジネスでは直面したことがない海外ビジネスのマーケティングの問題に対処する経営層の知識不足は海外ビジネスの成長を阻害する。経営層の海外ビジネス経営のスキル不足も同様に障害となる。

　内部阻害要因以外にサービス特性による阻害要因もサービス・ビジネスの国際マーケティングで検討すべき材料である。一例を挙げれば，対人接触度が高いサービスの場合にはサービス特性である非分離性に起因する問題が起きる。

一つはサービスの大量生産の問題であり，他方はサービスへの顧客参加の問題である (Bateson & Hoffman 2011, p.69)。サービス従事者はサービスの生産に直接関与するため，個々のサービス従業員のサービス供給能力は限られる。この場合，サービス・ビジネス経営者は海外のマス市場の需要にどのように対応するかという問題に直面する。他の問題は，サービス生産プロセスへの顧客参加の問題である。顧客があるサービスに興味を持った場合，そのサービス提供の場所が海外にあれば顧客は海外に行かねばならない。サービス拠点の立地戦略を充分に検討しなかった場合，サービスの国際マーケティングの成否を左右することもある。

さらに海外進出した後に，サービスの事前期待と実際のパフォーマンスの違い（期待はずれ），流通経路へのアクセスの困難性，ブランド期待感のバイアス，あるサービスから別のサービスへの乗り換えコストなどの問題がある。一方，ビジネス自体に関連する阻害要因には関税障壁，非関税障壁，国際ビジネス経験や知識の不足，コスト優位性の欠如などが見られる。マクロ的な阻害要因には産業水準，規模の経済，範囲の経済，経験効果，差別化，資金需要，技術不足などを挙げることができる。

国際ビジネス経験や知識の不足などは海外に進出した後に直面して発見できる場合もあるとして，リスクマネジメントの一環である阻害要因を事前に可能な限り克服することが必要である。それにはまず進出候補国と本国との"違い"を発見することである。"違い"には文化的違い，地理的違い，制度的違い，経済的違いの四つの側面があり (Ghemawat 2007. 邦訳 2009[4])，それらを明確にした上で市場誘因・コスト誘因・政治的誘因・競争誘因の面を整理することが重要である。そしてサービス・ビジネスとしての進出可能性を診断するという手順が妥当であろう。なぜなら，進出候補国への進出が可能であるかどうか，可能性があるとすると"違い"にどう対処すれば成功する進出となるのかどうかを判定することができるからである。戦略策定の方向性として，"違い"を超越する戦略が適切と診断されれば標準化戦略を採用することが適切であろう，進出候補国との"違い"を埋めることが重要だと診断されると現地適応化

戦略が採用されるだろう，さらに"違い"を活用する戦略を採用することも検討できるからである。

第6節　サービス・ビジネスの国際マーケティング戦略

　一般的な国際マーケティングの種類と目的を整理しておきたい。最初は国内マーケティング戦略である。国内市場の特に重要な側面を認識することによって，国内市場環境に最大限に適合させ調整することを目的とするマーケティング戦略である。国際マーケティング戦略とは国内マーケティングで獲得した経験や知識をベースに最適な方法で海外市場に適応することを目的とする。一方，多国籍マーケティング戦略の目的は海外市場に進出するために自社のマーケティングのやり方が当てはまる市場を選択することにある。上記二つのマーケティング戦略から学ぶことは，グローバルな発展を視野に入れながらも海外市場のニーズに適合するマーケティングのやり方を調整する必要があるということである。これらの戦略では最初はマーケティングのやり方を標準化や統合化などを目指しているが，海外事業の成功はどのマーケティングのやり方が最適であるかを発見することに依存する。グローバル・マーケティング戦略は標準化マーケティングのやり方に最大限集中し，世界の市場において統合されたマーケティング活動を行う戦略である（Alimiene & Kuvykaite 2008, p.44 を参考に筆者加筆）。

　進出候補国との間に厳然と存在する"違い"にどう立ち向かうかという問題に対して三つの戦略が考えられる。第一の戦略は標準化戦略そのものと言ってよい。自社のサービス特性を全面に押し出す戦略を採用するという考えである。第二の戦略はすでに一般化している現地適合化戦略と同義であり，"違い"に適応する方法をいう。最後の第三の戦略は既存の2極的な戦略の考えと異なる考え方である。本国との違いをうまく活用することによって進出候補国の市場に進出するハイブリッド的な新しい戦略である。

1. 標準化マーケティング戦略

　標準化マーケティング戦略の優位点は標準化されたマーケティングミックスを変更することなしに世界中の市場で使用するという統合マーケティングである。それにより規模の経済が追求でき低価格供給が可能となり，かつ世界共通のコンセプトで広告宣伝を実施するなどコスト節約が可能であること，世界中で一貫性のある顧客対応が可能であること，さらに統一された計画と実践，サービスのオペレーションの一貫性のある管理が可能であること，そして世界的に共通したサービスの提供が可能であることなどが挙げられる。例えば，マクドナルドの世界共通のサービス・コンセプトはほとんどの国のほとんどの消費者のニーズに対応できるように計画されている。事実，標準化マーケティング戦略はまずは取り組みたいやり方でもある。ジェトロ調査（2013）によると，日本のサービス産業の企業で海外進出した時に日本国内と同質なサービスを提供するという標準化を課題に挙げる企業が約47％以上いる。

　しかし，ゲマワット（Ghemawat 2007. 邦訳 2008）が強調するように，世界はいまだフラットになっていない，ということは世界の各市場には"違い"が存在している。その"違い"を持つ市場にうまく参入でき，効率的なオペレーションができ，効果的なマーケティングを実行するには現地市場と本国との"違い"を少なくとも理解しなければいかない。具体的な違いとは言語，文化，消費者嗜好，法規制，マーケティングのインフラ，競争構造などがある（Alimiene & Kuvykaite 2008）。しかし，すべて標準化できないかといえば，そうでもない。例えば，医療サービスの分野でみると高血圧，心臓病などは世界のどの国でも見られる疾患である。これは世界共通のセグメントが存在するということを意味する。その疾患患者を対象にした医療サービスは標準化された治療が可能な分野であるといえる。

2. 現地適応化マーケティング戦略

　現地適応化マーケティング戦略とは，製造業でいえばマーケティングミックスの4Pのそれぞれを，サービスでいえば8Pのそれぞれを現地市場に合致す

るように組み立てる戦略である。インドで放映された日本のアニメの一つは現地社会に適合した内容に大幅に修正することによって視聴者から好評を得ている。マーケティング面に限れば，現地消費者行動の"違い"，気候の"違い"，流通経路の"違い"，文化・嗜好の"違い"，ビジネス上の法規制の"違い"，所得構造の"違い"などがマーケティング戦略策定に大きな影響を与える。

　それぞれの国で異なるマーケティング戦略を計画し実行する戦略は多国籍企業が好んで利用する戦略であるが，標準化マーケティング戦略と異なり，現地の市場に合致したサービス・プロダクトのコンセプトを用いることから売上面では期待できるが，多額のコストが必要になる点，広告も国によって異なるやり方を採用するなどプロモーションも異なる戦略を採用する点，ひとつの国のマーケティング経験と知識は世界の他の市場に移転しにくいという点，さらにブランド管理の困難性も生じる点などから，企業全体としての統一したコンセプトが取りにくいことはデメリットとなる。

　ジェトロ（2013）の調査においても，価格競争力や価格設定の現地化に関する課題を挙げる企業がそれぞれ約53%，約46%とかなり多い。現地に合致したサービスの開発を課題に挙げた企業も約半数の49.5%を占めている。標準化の課題と現地化の課題の両方とも海外進出時の重要課題となっている点を言い換えればサービス・ビジネスの国際マーケティングにおいて各企業とも市場参入で苦労している姿が見える。また文化・嗜好の"違い"やサービス・エンカウンターでの誤解などから，顧客からのクレームが生じたときの対応策が課題であると回答した企業が約33%あることは海外の顧客とのコミュニケーションに苦労していること示している。

3. グローカル・マーケティング戦略

　標準化と現地適応化マーケティング戦略は国際マーケティング戦略の両端に位置する概念である。通信技術の進歩や輸送技術の進歩によって，世界は共通の製品を共有できるようになり，次第に国を規定する国境の存在も薄くなっていくとともに，世界は以前と比べようもなくますます複雑化していき，個人の

嗜好や生活様式も多様化していく傾向にある。この傾向は標準化マーケティング戦略の使用に近づいていると考えがちだが，反動で以前より自国の文化や制度を厳格にする傾向も感じられる。現時点でサービス・ビジネスの海外展開を成功に導くには極端な標準化志向でもなく，現地化志向でもなく，バートレット・ゴシャールが提唱するトランスナショナル組織が活躍する社会に通用できる国際マーケティング戦略の検討も必要である。結局，規模の経済や範囲の経済のベネフィットを享受するには世界各地の市場におけるビジネスの経験やそれから得た知識を世界各地で共有する知識経営が必要不可欠となる。

標準化でもなく現地適応化でもない第3の国際マーケティング戦略としてグローカル（Glocal）マーケティング戦略の視点が浮上してくる。「グローカリゼーション（世界化＋地方化すること）」という一種トレードオフな用語に代表される概念であり，さまざまなサービスが世界中で販売されると同時に，地方にも市場化される傾向が拡大するという思想である。一般には「グローバルに考え，ローカルに行動する」という言葉で知られている（Robertson 1992. 邦訳16頁）。

この考えは国際マーケティング戦略のローカルな要素の重要性を認識するローカル側面とグローバル側面を組み合わせたものである。グローカル・マーケティング戦略の特徴は標準化や現地適応化のマーケティング活動を「最適化」することに努力するやり方である。この戦略は状況適合理論に基づいている。この理論によると，企業が標準化するか，現地適応化するかの意思決定はビジネスを取り巻く環境に依存する，そして特定の市場で遂行される企業行動にどのような状況が影響を与えるかの分析することによって決定されねばならないとする理論である。ジェトロの調査（2013）の課題でも明らかになったようにサービス・ビジネスでは顧客との直接的接触が重要なマーケティング課題を生み出していることから，現地の顧客に気に入れられるようなマーケティング戦略を採用することが重要であると考えられる。その面ではグローカル・マーケティング戦略はローカルな側面とグローバルな側面をうまく結合して，その市場で最適なマーケティングのやり方を発見すること（Alimiene & Kuvykaite

2008, p.44）ができる戦略であるといえる[5]。このような意味では「グローカル・マーケティング戦略」というより，「最適化国際マーケティング戦略」と呼ぶ方がふさわしいかもしれない。

フィスク他が言うように「サービスのマーケティング戦略を標準化するか適応化するかを決めるのは，外国市場すべての環境要因について検討しなければならない」（Fisk, et al. 2004. 邦訳318頁）。言い換えれば，戦略策定において環境要因について本国との"違い"は無視できないことを意味している。

4. サービスの3類型のマーケティング戦略の検討

実際の経営の現場で最適な国際マーケティング戦略を発見するためにはどうすればいいだろうか。どのマーケティング戦略を採用するかという意思決定の順序は，企業はまず標準化の検討または実行から入るのが普通であり，現地市場との"違い"を発見した後，現地適応化戦略の検討または実行に入る手順を踏む。この逆は普通にはありえないが，世界共通セグメントの存在または発見により，標準化されたサービスの提供の可能性はある。

対人接触度が高いサービス・ビジネスの場合には，コアサービスは標準化し，付随サービスに現地化したサービス要素を取り入れることも可能となる。例えばグローバルエアラインのコアサービスは標準化できる，そして出発地の国の搭乗客が多い路線ではローカル色の食事を提供するサービスを取り入れることによって顧客満足につなげ，他社と差別化することができる。また通訳が可能なキャビンアテンダントを採用することによって搭乗者の便宜を図るサービスが可能となる。

物的付随サービス・ビジネスの場合には，対人接触度が低いという点に加え，製品の機能を回復するサービスがコアサービスとなるため，サービス作業自体は標準化できる。例えば，自動車修理サービスでは自動車自体は大きく現地化されている構造にはなっていない。従って，自動車保守・修理作業は自動車製造企業の仕様どおりに自動車の機能を回復すればよい。

情報提供サービス・ビジネスでは，コンサルティングサービスのように顧客

とサービス提供者であるコンサルタントが対面的にサービス・プロセスに参加する場合もあれば，テレビ放送番組のアニメ放送のように顧客はテレビ受像機から流されるストーリーを視聴して，サービスを楽しむ場合もある。この場合，顧客は放送の間ならびに放送終了後に満足感を味わうか，不満を漏らすかもしれない。従って，情報提供サービス・ビジネスではサービスの範囲が広いため，標準化できることと現地化できることはサービスの種類ごとに異なることに注意しなければならない。アニメ放送の場合にはコンテンツを標準化できる場合もあるが，言語上の問題や文化的"違い"の問題で実際に放送される国で使用する言語は現地化する方が容易に視聴者に受け入れられやすいだろう。また，コンテンツも場合によっては現地化されるばあいがある。例えば『巨人の星』のインド放送版では『ライジングスター』とタイトルおよびコアテーマが野球からクリケットに変更されている。『ザ・シンプソンズ』のコンテンツは標準化が原則であって，現地化される部分は「日本語で吹き替え」や「日本語タイトル表記」などにとどまっている。基本的に情報を伝える機器類は標準化されたものとなっているが，伝えられる情報の内容をマーケティング面で現地化する戦略が採用されている。

5. その他の戦略検討

　サービス提供の対象が，マッサージなど個人レベル，アニメ放映など集団レベル，または企業向けサービスなど組織レベルによっても採用されるマーケティング戦略は国別に異なることも理解しておく必要がある。

　上記ではサービスの対象別に考察したが，次の視点も検討してみる必要がある。それはサービスの特性に基づいたものである。第1は輸送可能なサービスか立地制約型サービスかという枠組みである。後者は病院，スパーマーケットなど，その場所のその施設に顧客が行かないとサービス提供を受けられない。前者は世界中でビジネスを展開することが可能なサービスを意味する。世界のいかなる地域でも基本的にはサービス提供が可能であるもの，つまりサービスの特性である無形性が強いものが該当する。例えば，金融サービス，コンサル

タントサービス，人材派遣サービスなどである。

　第2にサービス自体輸送可能なサービスか，移動可能なものを通じて提供されるサービスかという枠組みである。前者は金融サービスなどが該当する。後者は航空輸送産業の機内サービスを思い浮かべると理解できやすい。第3に遠隔通信による輸出サービスか，通常の商取引と共に輸出可能なサービスかである。前者はデータ処理サービスや通信衛星を利用したテレビ放映がそれにあたる。後者の例はフィルム・DVDなどに収録されて輸出されるアニメ作品の提供サービスや音楽配信サービスが該当する (Kasper, et al. 1999)。これは情報関連技術の進歩によって促進されるため，将来的に大きなサービス・ビジネスとなる可能性を持つ。まさに技術進歩が国境の存在を薄くする機能を果たしている。

　これらの枠組みのどれに該当するかによって海外進出の戦略が変わってくる。
このようにサービス・ビジネスのマーケティングは極めて複雑であることが理解できる。さらに国際という枠組みで検討する必要がある。同時にサービスの国際化のリスクとして無視できない点はビジネス実施場所が本国から遠く離れることからサービスの重要な特性である顧客との距離が離れてしまう。このことから生じるサービス品質やブランドの維持管理の問題が存在する。

注
（1）財務省ホームページ。国際収支総括表（年度）。
（2）詳しく勉強されたい方は諸上・藤沢 2004，第6章を読むことを勧める。
（3）Douglas & Craig 1995, pp.152-169 および Armstrong & Kotler 2000, pp.529-532 を参考に筆者改変。
（4）ゲマワットは differennce と言う用語を使っており，邦訳では「相違」となっているが，本書ではわかりやすいように「違い」という用語を使う。
（5）Svensson は Local and Domestic Marketing, International and Multinational Marketing, そして Global Marketing のコンセプトの比較を行っている。それらの戦略が「最大化」することに努力することに対してグローカル・マーケティングは「最適化」に努力するという特徴を明確にしている（Alimiene & Kuvykaite

2008, p.44 参照)。

[欧文文献]

Alimiene, M. & Kuvykaite, R. (2008), "Standardization / Adaptation of Marketing Solutions on Companies Operating in Foreign Markets : An Integrated Approach," *Engnieering Economics*, No.1.

Armstrong, G. & Kotler, P. (2000), *Marketing : An Introduction, 5th ed.*, Prentice-Hall.

Bartlett, C. A. & Ghoshal, S. (2002), *Managing Across Borders, The Transnational Solution, 2nd ed.*, Harvard Business School Press.

Bateson, J. E. G. & Hoffman, K. D. (2011), *Services Marketing, 4th ed.*, South-Western.

Cicic, M., Patterson, P. G. & Shoham, A. (1999), "A Conceptual Model of the Internationalization of Service Firms," *Journal of Global Marketing*, Vol.12 No.3.

Douglas, S. P. & Craig, C. S. (1995), *Global Marketing Strategy*, McGraw-Hill, Inc.

Douglas, S. P. & Craig, C. S. (1989), Evolution of Global Marketing Strategy : Scale, Scope and Synergy, *Columbia Journal of World Business*.

Douglas, S. P. & Craig, C. S. (2010), *Wiley International Encyclopedia of Marketing, Global Marketing Strategy : Perspective and Approaches*, Sheth, J. N. & Malhotra, N. K. edit, John Wiley & Sons Ltd.

Erramilli, M. K. & Rao, P. (1990), "Choice of Foreign Market Entry Modes by Service Firms : Role of Market Knowledge," *Management International Review*, Vol.30.

Fisk, P. R., Grove, J. S. & John, J. (2004), *Interactive Services Marketing*, 2nd ed., Houghton Mifflin Company. (小川孔輔・戸谷圭子監訳 (2005)『サービス・マーケティング入門』法政大学出版局)。

Friedman, T. L. (2005, 2006), *The World is Flat : A Brief History of The Globalized World in the Twenty-First Century*, Farrar, Straus and Giroux, updated and expanded ed. (伏見威蕃訳 (2010)『フラット化する世界 普及版 (上)』日本経済新聞出版社)。

Ghemawat, P. (2007), "Managing Differences of The Central Challenge of Global Strategy," *Harvard Business Review*, May. (村井 裕訳 (2007)「トリプル A のグローバル戦略」『DIAMOND ハーバード・ビジネス・レビュー』6 月号)。

Ghemawat, P. (2007), *Redefining Global Strategy : Crossing Borders in a world*

Where Differences Still Matter, Harvard Business School press. (望月 衛訳(2009)『ゲマワット教授の経営教室 コークの味は国ごとに違うべきか』文藝春秋)。

Ghemawat, P. (2010), "Finding Your Strategy in the New Landscape," *Harvard Business Review*, May. (編集部訳 (2011)「新興国市場に適合する条件」『DIAMOND ハーバード・ビジネス・レビュー』3月号)。

Giddens, A. (2006), *Sociology, 5th ed.*, Polity Press. (松尾精文他訳 (2010)『社会学 第5版』而立書房)。

Hofstede, G. (1991), *Culture and Organizations Software of the mind*, McGraw–Hill. (岩井紀子・岩井八郎訳 (1995)『多文化世界−違いを学び共存への道を探る』有斐閣)。

Johanson, J. & Vahle, J. E. (1990), "The Mechanism of Internationalisation," *International Marketing Review*, Vol.7 No.4.

Kasper, H., Van Helsdingen, P. & De Vries, Jr. W. (1999), *Service Marketing Management ; An International Perspective*, John Wiley & Sons Ltd.

Kotler, P. (1988), *Marketing Management : Analysis, Planning, Implementation, and Control, 6th ed.*, Prentice–Hall.

Levitt, T. (1983), "The Globalization of Markets," *Harvard Business review*, May–June 83, Number 3. (土岐 坤訳 (1983)「地球市場は同質化に向かう」『DIAMOND ハーバード・ビジネス』9月号)。

Lovelock, C. & Wirtz, J. (2007), *Services Marketing : People,Technology, Strategy, 6th ed.*, Pearson Education, Inc. (白井義男監修・武田玲子訳 (2008)『ラブロック&ウィルツのサービス・マーケティング』ピアソン・エデュケーション)。

Lovelock, C. & Wright, L. (1999), *Principles of Service Marketing and Management*, Prentice–Hall, Inc. (小宮路雅博監訳・高畑 泰・藤井大拙訳 (2002)『サービス・マーケティング原理』白桃書房)。

Lovelock, C. & Yip, G. S. (1996), "Developing Global Strategies for Service Businesses," *California Management Review*, Vol.38 No.2.

Muris Cicic, Paul G. Patterson & Aviv Shoham (1989), "A Conceptual Model of the Internationalization of Service Firms," *Journal of Global Marketing*, Vol.12 No.3.

Robertson, R. (1992), *Social Theory and Global Culture*, Sage Publication. (阿部美哉訳 (1997)『グローバリゼーション 地球文化の社会理論』東京大学出版会)。

Sharm, D. D. & Johanson, J. (1987), "Technical Consultancy in Internationalization," *International Marketing Review*, Vol.4 No.4.

Sichtmann, C., Griese, I. & Klein, M. (2007), "Determinants of the International Performance of Services : A Conceptual Model," *Betriebswirtschaftliche Reihe*,

Freie Universitate Berlin.

Sturdivant, F. D. & Vernon-Wortzel, H. (1990), *Business and Society : A Managerial Approach, 4th ed.*, Richard D. Irwin, Inc.

Yip, G. S., Loewe, P. M. & Yoshino, M. Y. (1988), "How to Take Your Company to the Global Market," *Columbia Journal of World Business*.

Yip, G. S. & G. Hult, T. M. (2012), *Total Global Strategy, 3rd ed.*, Pearson Education, Inc.

Zeithaml, V. A., Parasuraman, A. & Berry, L. L. (1985), "Problems and Strategies in Service Marketing," *Journal of Marketing*, Vol.49 Spring.

[邦文文献]

伊丹敬之・加護野忠男 (1993)『ゼミナール経営学入門 第2版』日本経済新聞社。
大谷裕文編 (2008)『文化のローカリゼーションを読み解く』弦書房。
川上義明 (2003)「現代企業のグローバル化に関する検討 (監) – グローバル企業：その推論」『福岡大学 商学論叢』第48巻 第3号。
白井義男 (2003)『サービス・マーケティングとマネジメント』同友館。
ジェトロ サービス産業課 (2013)『平成24年度 サービス産業の海外展開実態調査』。
セオドア・レヴィット (2008)「マーケティングの針路 (All Sharing Marketing Mind)」『DIAMOND・ハーバード・ビジネス・レビュー』11月号。
田中 滋監修・野村 清著 (1996)『サービス産業の発想と戦略-モノからサービス経済-改訂』電通。
永池克明 (2008)『グローバル経営の新潮流とアジア』九州大学出版会。
羽田昇史 (2004)「サービス産業のマーケティング」『大阪明浄大学紀要』第4号。
藤澤武史編著 (2012)『グローバル・マーケティング・イノベーション』同文館。
三浦 一 (1989)「サービス・マーケティングの問題点と戦略」『産業経営研究』第9号。
村上 薫 (2012)「医療サービスのベンチャー的国際化 (序) 〜病院の海外進出〜」『追手門学院大学ベンチャービジネス・レビュー』第4号。
村上 薫 (2013)「病院のベンチャー的海外進出診断フレームワークの理論的再構築試論」『追手門学院大学ベンチャービジネス・レビュー』第5号。
諸上茂登・藤沢武史 (2004)『グローバル・マーケティング 第2版』中央経済社。
吉原英樹 (2001)『国際経営 新版』有斐閣。

第2部
実 践 編
－ベンチャー的国際化とマーケティング－

第4章　世界へ行く日本のアニメ

第1節　日本のアニメビジネスの国際化

1．アニメビジネスの海外進出

　2011年の日本のアニメ業界市場は前年比103％の1,581億円である。過去最高の2006年をピークに下降傾向だったが2009年を境に回復気配を示している[1]。

　アニメ産業市場はアニメ業界に放送事業収入，アニメ専門チャンネル売上，アニメ作品・キャラクター使用の遊技機出荷売上などを加味した産業全体の規模である。2011年は前年比101％の1兆3,390億円となっている。海外販売は2,669億円で商品化の6,041億円に次ぐ売上となっている。日本アニメ作品の海外有効契約数を日本動画協会独自調査から見てみると世界111国，1,060件の契約がされている。地域等を含めると1,318件の契約となっている（日本動画協会 2012, 38-44頁）。一方，世界のアニメ市場規模はどうであろうか。残念ながら，アニメに特化した世界的産業統計はまだ存在しないのが実情である。

　日本のアニメの国際化は1950年代後半から60年代にかけてアメリカの海外展開が刺激となり海外アニメ放送も始まった。次第に海外アニメから国内アニメの比重が大きくなり，1963年に国内アニメの代表と言える『鉄腕アトム』放送をきっかけに海外アニメはほぼ駆逐された（古田 2009, 62-87頁）。

　アニメビジネスとは「製作者たちがアニメーション作品の製作活動を通して，さまざまな顧客から収益を得ることで製作資金を回収し，長期的には利益を上げること」（木村 2011, 116頁）と規定される。アニメ作品はフィルム・ビ

デオや DVD などの物に体化され流通される，最近ではインターネット上で流通されるアニメも出現してきている，更にキャラクター商品開発・販売など派生サービス・マーケティング活動を通して，顧客に楽しみ・おもしろさというベネフィットを与えると共に，利益を得る経営プロセスである。

海外進出はどうであろうか。古田は具体的な資料は乏しいとしながらも入手可能な資料の分析から特徴を把握している（古田 2009, 252-258 頁）。日本アニメの代表作である『鉄腕アトム』はアメリカに輸出され，『アストロ・ボーイ』と改題され 1963 年から NBC で 151 話が放送された。1960 年代では，『鉄腕アトム』以外の作品が輸出されたという記録は残っていない。

日本アニメの輸出は 1970 年代前半から香港と台湾，後半にイタリア，フランスへ輸出がされたようである。最大手製作企業の東映動画が 1983 年までにヨーロッパに輸出した作品の資料から分析すると，日本のテレビアニメのヨーロッパへの輸出は 1970 年代からイタリア，フランスへ行われ，70 年代後半からイタリア，80 年代後半にフランスに大量に輸出されている。70 年代に急増した欧米へのアニメ輸出には 60 年代の作品はほとんど含まれていないという事実がある。例外的に『鉄腕アトム』の放送権料・商品化・輸出を 3 大収入源とするビジネスモデルは成立した（古田 2009, 259 頁）。

この大量輸出の要因は日本アニメの独自性だと古田は分析する。日本アニメはターゲットセグメントが子どもから大人までの幅広い年齢層であること，従って作品の多様性，ストーリーやキャラクターの斬新さ，ストーリー展開の早さ，俯瞰・クローズアップなどのテクニックを駆使した作品に仕上がっていることなどが拡大要因として挙げられる。他方，日本アニメの促進要因は，『ドラゴンボール』の 508 話を代表とするエピソード数の多さと安価な放送権料が促進要因として挙げられる（古田 2009, 258-259 頁）。

2010 年 7 月のパリで開催されたジャパンエキスポは 17 万人動員という過去最高記録となった，並びにロスアンジェルスのアニメエキスポでも過去最高の 16 万人の動員数であった。同様に，ロンドンの 10 月のハイパージャパンでも 1 万人以上動員した（片岡 2011, 177-178 頁）。地理的空間・文化的空間

の距離をものともしないアニメキャラクターを好むという感覚の根底には，アニメの魅力が文化の壁を超え，とてつもなく大きな力を持っていることが判る。

日本のアニメ作品の世界への流通には大きな変化が起きている（片岡 2011, 178 頁）。日本のアニメ輸出企業が世界のテレビ局など企業向けに作品の販売を行ってきた輸出マーケティングであった，この傾向に変化が起きている。それはアニメ作品のビジネスのターゲットが企業から顧客個人へと移ってきている。今後はアニメ作品が顧客個人に受け入れられるかどうかが重要な問題となる。

2. アジアにおけるアニメビジネスの実態

日本アニメ作品の海外有効契約数を日本動画協会独自調査から見てみる（日本動画協会 2012, 38-44 頁）。国別では，アジア諸国で全体の 43.1％ にあたる合計 457 件の契約がされている。最大は韓国の 106 件であり，台湾 63 件，香港 55 件そして中国の 42 件が上位に位置している。

アジアにおけるアニメの実態はどうであろうか？増田は広告代理店のアサツーディ・ケイ（ADK）が 2011〜2012 年に実施した「アジア 7 カ国生活総合調査」から，アジアにおけるアニメ実態を紹介している（増田 2012）。

タイでは日本アニメは圧倒的に高い支持率を誇っている。人気トップ 10 を日本アニメが占め，『ドラえもん』は 8 割以上の人気度である。タイには自国製アニメがほとんどなく日本アニメ企業も制作アウトソーシングをしていない。

人口の 4 分の 3 以上をイスラム教信者が占めるイスラム教文化圏のインドネシアではマレーシア制作のイスラム教文化を教育するアニメが大きな支持を得ている。日本アニメでは『クレヨンしんちゃん』，『ドラゴンボール』，『キャプテン翼』などが上位に入っている。同じイスラム文化圏のマレーシアでも，日本アニメでは大人・子どもの両方とも『ドラえもん』がトップ，次いでイスラム教文化教育アニメの順になっている。両国とも輸入された日本アニメが圧倒的人気を博している。

増田の論文によるとフィリピン・ベトナム・インドでは日本アニメは弱い。フィリピンでは自国アニメ制作は行われておらずアメリカアニメの輸入が主流である。ベトナムではアメリカアニメが輸入され人気を博している。日本アニメはトップ10の5位以下で『ドラえもん』など5作品がランクインしている。『巨人の星』輸出で話題になったインドは東南アジア諸国と文化的色彩が異なることから特徴あるアニメビジネスといえよう。インドでは自国アニメ制作が積極的に行われている。日本アニメの『ドラえもん』はこども層で最も人気があるが市場全体ではインドアニメ，アメリカアニメ，そして日本アニメで競争している。アニメビジネスの競争環境の視点では，日本からアウトソーシングは行われていないことから日本の技術移転による競争は考慮しなくてもいい。

　潜在的視聴者が期待できる中国のトップ10のシェアはアメリカアニメが3作品，日本アニメが6作品，自国製が1作品の構成になっている。『ドラえもん』は中国でも人気はあるが，圧倒的に人気があるのは自国作品である。増田は，この現象を2002年以降の国策によるものだと分析している。国家による自国アニメ産業支援制度の充実化そして制度的"違い"の大きな原因である海外アニメ放送の規制である。政府による自国産業育成方針と保護政策が今後，日本アニメの中国向け輸出に大きな影響を与えるであろう。

　韓国のデータはJETROレポートからしか把握できていない。韓国の地上波テレビ局の放送時間は国内アニメが38％，アニメ専門チャンネルでは34％以下を占めている。海外アニメでは日本アニメの放送が約58～77％と圧倒的に多い。韓国でも制度的"違い"の存在を無視できない。韓国では日本アニメに規制をかけ，自国アニメ産業育成保護の方向をとっている。

3．日本と海外の"違い"の認識

　現在では日本アニメは世界中に多くのファンが存在し，日本政府も成長分野として期待している分野であるが，日本のアニメが無条件に海外諸国に受け入れられるだろうか？必ずしも，そうではない。日本と海外諸国の間には大きな文化的違い，地理的違い，制度的違い，そして経済的違いが存在する。

文化的違いとは，外部から参入する「もの」に対して国家・民族・地域・集団・家族の歴史的文化，アイデンティティ，社会規範，教育，個人思想など準拠枠をモノサシとした判断がなされることから生じる異文化受容度の違いである。従って，アニメ視聴者が特定の国籍文化に基づくストーリーやコンテンツを理解できない場合は人気がでないだろう[2]。

　地理的違いはアニメ流通上ほとんど障害にはならないといえよう。制度的違いが日本アニメの国際化に障害となる場合が大きい。各国のセンサーシップがそれである。アメリカの場合には殺人シーンがあるアニメは放送時間帯が深夜帯の放送である。中国は特に国家統率の面から国民の目につくテレビ放送にも強い指導が発動されている。

　経済的違いは一つには国ごとに異なる経済発展度である。最近では新興国がアニメビジネスでも重要な存在感を示している。経済成長が急速な発展途上国では生活様式の西欧化とテレビ放送産業の発展およびIT利用の急速な普及が見られる。アニメの2次的活用に利用できる映画産業，音楽産業，広告産業，そしてゲーム産業の発展度合いがアニメビジネス浸透の鍵となる。これら産業の中で文化的制約を受けにくい産業はゲーム産業であろう。近年ではデジタル技術の急速な進歩が日本のアニメ産業の世界的展開の基盤となっている。

4. 海外進出事例の検討

　グローバルビジネスの場での日本アニメビジネスは商売が上手くない。フランス，韓国，台湾，そして中国では制作に積極的に投資を行い，ビジネスまた国策としてアニメ産業を成長させようとしている。「始祖は日本，主流は韓国，台湾」として，尊敬されるが儲からない状況（日本動画協会 2012, 44頁）と皮肉な結果になりそうである。

　日本アニメが真に世界で定着するには日本アニメ制作技術の優秀度およびアニメコンテンツの面白さ・楽しさという娯楽度が最重要な要因である。加えてビジネスとして出資・投資するスキーム，そして収益モデルが必要となる。価値連鎖モデルのような国際ビジネス展開フレームワークの構築が求められる。

中小企業が多く占める日本アニメ企業群に自社単独で国際ビジネスを展開する能力は無いか少ないと考えられる。他国との競争に勝利するためにテレビ放送局などとの戦略提携を推進する例もある。日本動画協会の「アニメ産業レポート 2011」に紹介されている例では，電通エンターテインメント USA が 2012 年からニコロオデオンで世界放映開始している『モンスーノ』は北米から欧州へ，アジアへグローバル展開している。三菱商事系のディライツはドバイと韓国の企業と戦略提携を結び『スキャン・ツー・ゴー』をグローバルネットワークのカートゥーンで 2012 年から北米・欧州・中東をターゲットとして放送開始した（日本動画協会 2012, 46 頁）。

日本アニメの海外展開では『鉄腕アトム』が有名だが，最近では『巨人の星』がインドにおいて 2012 年 12 月から放送され好調な視聴率を挙げている（産経新聞 2013）。インドでは日本アニメは『ドラえもん』と『クレヨンしんちゃん』が先行輸出され人気を博していた。『巨人の星』は野球が題材であるためインドでは未知のスポーツということもあり基本的になじみがない。コンテンツの現地化が輸出作品の成功の必須条件となった。タイトルは「スーラジ ザ・ライジングスター」とストーリーを表現したものとし，題材はインドでポピュラーなスポーツである「クリケット」に変更した。現地化で『巨人の星』作品の"名物"シーンである父親が"ちゃぶ台"をひっくり返す場面は再現されていない。元来，インドには"ちゃぶ台"が存在しないことも理由の一つである。更に"ちゃぶ台"をひっくり返すシーンの割愛は子ども番組としての教育的配慮がされたものと推測される。それ以外にもインドの放送倫理規定という制度的"違い"による場面修正が必要となった。それは大リーグボール養成ギブスである。虐待の拘束具のようなイメージを持たれるため規定に抵触することから変更を余儀なくされた（古賀 2013, 4 頁）。

この『巨人の星』のインド放送は単なる輸出マーケティングではない。現地の制作企業との共同制作という戦略的提携による現地化である。その理由の第 1 は，経費抑制という問題，第 2 にインドの視聴者に受容されやすい作品に仕上げることが目的であった（古賀 2013, 137 頁）。

2011年に産業革新機構が出資し日本政府肝いりで設立されたANEW（All Nippon Entertainment Works）がアメリカへ輸出する事業を開始した。2012年にハリウッドのヴァルハラ・エンタテインメントと共同で『ガイキング』の実写映画企画を開発することに決定した。元々『ガイキング』は1976年に東映アニメーション（当時東映動画）がテレビアニメとして製作した『大空魔竜ガイキング』を源流とするロボットアニメの代表作品である。2005年にも東映アニメーションがテレビシリーズで『ガイキング LEGEND OF DAIKU-MARYU』を制作している人気アニメである。東映アニメーションは積極的にこの作品の継続的開発を進め2010年には東京国際アニメフェアでCG版のパイロットフィルムを公開している。そして今回のハリウッド進出につながるのである。このプロジェクトはANEWとヴァルハラそして東映アニメーションの日米の各関係者が積極的に企画開発に参画している戦略的共同制作である（Animeanime.jp 2012）。

5. 国際マーケティング戦略の検討

　海外進出に際して，国際マーケティングの視点で留意する点が二つある。一つはアニメ作品に固有の特徴が進出先の市場に受容されるかどうかの事前検討が必要である。つまりサービスプロダクトの内容であるコンテンツの問題である。

　最も理解しやすい例は「日本風」を前面に押し出すのか？押し出さないか？ということである。「日本風」から受ける印象は「オリエンタルの興味」「品質が良い」「安全である」というステレオタイプ的好印象ばかりではない，「日本風」を出すことで逆効果になり顧客層の拡大が制約されることも理解することが必要である。アニメのポジショニングをどこに設定するかが重要な成功のカギとなる。

　第1にターゲット市場におけるアニメに対する嗜好性の把握はアニメビジネスを左右する要因である。熱心な映画ファンが多い国でもゲームには関心が薄いかもしれない。その逆もあるかもしれない。また日本のようにオリジナ

作品に強い関心を寄せる国もあれば二次的なビデオ流通を好む国もあるかもしれない。このような"違い"を浮き彫りにすることはマーケティング戦略上，流通手段の意思決定の重要な選択肢決定要素となる。第2に制度的"違い"の存在の調査である。多くの国がテレビ放送に現地制作コンテンツの放送を割り当てている。インドネシアのように80％は国内制作であるべきという規定をしている国もある。このような場合には参入はかなり困難を極める。第3に文化的"違い"の存在の検証が必要である。特にアジアでは文化的"違い"が顕著である。その"違い"は国際的のみならず国内でも多民族構成国家の場合に問題となる。多種公式言語国家の場合にはアニメの言語の翻訳をどうするかは大きなマーケティング戦略上の問題である。そして，どういうエンターテインメントを好むかなどの文化的要素はアニメマーケティングの成否を左右する。第4にマーケティング戦略に必要なターゲット市場の人口学的・心理学的データの入手である。これらはアニメマーケティング戦略構築そしてアニメ流通戦略構築において極めて重要な情報である。例を挙げれば，平均年齢，年齢別子どもの数，教育水準，経済的要素，識字率などはアニメ販売・宣伝そして付随的商品販売において重要ポイントとなる（Raugust 2004, pp.283-286）。

　二つ目として流通マーケティングの問題がある。アニメの流通手段が適切かどうかの検討である。テレビ放送を使用するのか，また商品キャラクタービジネスとの提携を行うのかどうかの選択および実施タイミングの問題である。アニメの流通形態は日本では劇場映画，地上波テレビ放映，ビデオが中心であったが，衛星放送，ケーブルテレビ受信家庭の増加に伴いアニメチャンネル視聴可能世帯の増加は続いている。DVDからブルーレイへの移行後，ブルーレイの売上の50％以上をアニメ作品が占めている。今後の伸長部分はPC向け有料配信より携帯端末向けアニメ配信が期待できる。さらに携帯アプリ・携帯ゲームでのアニメ活用が日本のみならず世界的な成長分野と言える（MDRIレポートプレスリリース 2012）。海外での流通の種類は価格戦略と関係がある。進出国の経済事情により価格設定を考慮する現地化マーケティング戦略の検討が必要となる。

標準化と現地化の問題はアニメを全世界的に普及させるのか，局地的に提供するかどうかの意思決定にかかわる。グローバル志向するならばコンテンツに特定の文化的要素を最小限に抑えることも重要であろう。逆に最小限にし過ぎると骨抜きのような内容になるリスクも当然存在する。『鉄腕アトム』のような近未来的な作品は世界共通に好まれたのがよい例である。また流通上の手段として時間的・立地的制約が少ないアニメ提供サービス形態のひとつであるホームビデオやDVDの活用も必要である。

注意しなければいけないのは，標準化マーケティング戦略は容易に規制，文化，競合対応，環境変化などに影響を受けることから柔軟性に欠けるという欠点を持っている戦略であり，文化的に類似の国にのみ適応可能である（Alimiene & Kuvykaite 2008, p.42）。他方，ローカル市場で流通させる場合にはコンテンツの現地適応化戦略の検討が重要である。文化的要素を排除するよりも作品のコンセプトは活かして現地に適用する作品に仕上げることもスピーディな市場参入には重要な要素である。『巨人の星』がインドで放映され人気を博している背景には現地化要素が大いに働いている。インドには馴染みがない野球からポピュラーなクリケットへタイトルと内容を変更したのが良い例である。

作品のスピーディな現地適用化には現地の言語に翻訳する編集があるが，途上国など進出先で実施する専門的なサービスはコスト高，翻訳編集する専門職の不在など問題は多い。テレビ放送や劇場用アニメで一般的な方法に「吹き替え」があるが，これも同様の理由でコスト高，吹き替え専門家の不在が問題である。

現地市場参入に効果的と考えられる手法に編集がある。『巨人の星』のインド市場参入に見られるように，キャラクターの名前の変更，現地文化に適合するように物語の背景の変更，暴力シーンや性的描写の表現の削除など現地で受容されやすい描写・表現に編集することもスピーディな市場参入に必要である。

その他，グローバル事業展開のスピードを追求するための戦略提携推進にはいくつか課題がある。戦略的な資金調達の問題，流通マーケティングの具体的な進め方，戦略的グローバルプロジェクト推進に必要な専門的知識の獲得およ

び組織的支援体制の構築，ビジネスとしてゲーム分野への拡張など事業ドメイン拡張の問題，そしてグローバルアウトソーシングの問題など検討すべき課題は多い。

　このようにアニメビジネスの国際化の主要目的はスムーズに市場参入を行いプロダクトの市場適合性と地理的拡大を目指すことであるが，標準化サービス・マーケティング戦略か，または現地適応化サービス・マーケティング戦略かの極端な二元論的志向ではなく，グローカルな最適化サービス・マーケティング戦略が最も好ましい結果を生みだすと考えられる。

注
（1）アニメーションやアニメの定義は2節で詳しく紹介する。ここでは，引用を除きアニメーションをアニメと表記していることをお断りしておく。
（2）コンテンツの定義：2004年施行の「コンテンツの創造，保護及び活用の促進に関する法律」第2条第1項による法的定義ではコンテンツを「映画, 音楽, 演劇, 文芸, 写真, 漫画, アニメーション, コンピューターゲームその他の文字, 図形, 色彩, 音声, 動作若しくは映像若しくはこれらを組み合わせたもの」または「これらに係る情報を電子計算機を介して提供するためのプログラムであって, 人間の創造的活動により生み出されるもののうち, 教養又は娯楽の範囲に属するもの」と規定している。このコンテンツをビジネスの対象にする事業をコンテンツ産業または上記法律ではコンテンツ事業という。コンテンツ産業はバリューチェインの視点から見るとコンテンツ創作・制作，流通そして利用・消費の3つの領域から構成される。

［欧文文献］

Alimiene, M. & Kuvykaite, R. (2008), "Standardization / Adaptation of Marketing Solutions in Companies Operating in Foreign Markets : An Integrated Approach," *Engineering Economics*, No.1 (56).

Armstrong, G. & Kotler, P. (2000), *Marketing : An Introduction, 5th ed.*, Prentice–Hall, Inc.

Ghemawat, P. (2007), *Redefining Global Strategy : Crossing Borders in a World Where Differences Still Matter*, Harvard Business School Press.（望月 衛訳(2009)『コークの味は国ごとに違うべきか ゲマワット教授の経営教室』文藝春秋）。

Power, D. & Scott, A. J. ed. (2004), *Culture Industries and the Production of*

Culture, Routledge.
Raugust, K. (2004), *The Animation Business Handbook*, St. Martin's Press.
Throsby, D. (2001), *Economics and Culture*, Cambridge University Press.（中谷武雄・後藤和子監訳（2002）『文化経済学入門』日本経済新聞社）。

[邦文文献]
青木 優（2006）「日本アニメ産業の現状と課題」『環境と経営』第12巻 第2号。
安西洋之・中林鉄太郎（2011）『「マルちゃん」はなぜメキシコの国民食になったのか？世界で売れる商品の異文化対応力』日経BPマーケティング。
池上 惇・植木 浩・福原義春編（1998）『文化経済学』有斐閣。
一般社団法人日本動画協会データベースワーキンググループ報告書（2012）『アニメ産業レポート』一般社団法人日本動画協会。
MDRIプレスリリース（2012）「2011年のアニメ市場は前年比微減」メディア開発綜研。
エンターブレイングローバルマーケティング局編（2012）『世界のエンタメ業界地図 2013年版』株式会社エンターブレイン。
片岡義朗（2011）「日本のアニメ市場」高橋光輝・津堅信之編著『アニメ学』NTT出版。
株式会社 産業革新機構 News Release（2011）「本邦コンテンツの海外展開を行う（株）All Nippon Entertainment Worksを設立」。
河島伸子（2009）『コンテンツ産業論−文化創造の経済・法・マネジメント−』ミネルヴァ書房。
木村 誠（2011）「アニメビジネスの基本モデル」高橋光輝・津堅信之編著『アニメ学』NTT出版。
経済産業省（2012）『コンテンツの海外展開施策について』。
経済産業省（2003）『アニメーション産業の現状と課題』経済産業省文化情報関連産業課。
古賀義章（2013）『飛雄馬, インドの星になれ！インド版アニメ「巨人の星」誕生秘話』講談社。
菅谷 実・中村清編著（2000）『放送メディアの経済学』中央経済社。
高橋光輝・津堅信之編著（2011）『アニメ学』NTT出版。
津堅信之（2011）「アニメとは何か」高橋光輝・津堅信之編著『アニメ学』NTT出版。
出口 弘・田中弘幸・小山友介編（2009）『コンテンツ産業論−混と伝播の日本型モデル−』東京大学出版会。
出口 弘（2009）「絵物語空間の進化と深化−絵双紙からマンガ・アニメ・フィギュア・ライトノベルまで−」出口 弘・田中弘幸・小山友介編『コンテンツ産業論−混と伝播の日本型モデル−』東京大学出版会。
独立行政法人経済産業研究所（RIETI）BBL議事録（2004）『日本製アニメとマンガの国際戦略』。

日本貿易振興機構 日本経済情報課（2005）「日本のアニメーション産業の動向」『Industrial Report』JETRO Japan Economic Monthly, June.
藤井 健（2004）「アニメビジネスに関する一考察−過去・現在・未来−」『白鷗ビジネスレビュー』Vol.13 No.1。
古田尚輝（2009）『鉄腕アトムの時代−映像産業の攻防』世界思想社。
三浦 一（1989）「サービス・マーケティングの問題点と戦略」『産業経営研究』第9号。
山田徳彦（2003）「アニメビジネスの基本構造」『白鷗ビジネスレビュー』Vol.12 No.1。

[ホームページ]
Animeanime.jp（2012）「東映アニメの「ガイキング」ハリウッド実写映画化企画発表 ANEWと協力」, http://animeanime.jp/article/2012/12/19/12427.html（最終閲覧：2013年5月13日）。
産経新聞（2013）「インド版『巨人の星』視聴率好調−日本のサブカルが広がる」, http://bizmakoto.jp/makoto/articles/1302/28/news026.html（最終閲覧：2013年5月13日）。
増田弘道（2012）「海外への外注増加で日本アニメは空洞化するか？」ITmedia, Inc., http://bizmakoto.jp/makoto/articles/1210/23/news020.html（最終閲覧：2013年5月13日）。

第2節 「アニメの魅力の源泉」

1. アニメーションの基礎知識

　今日の社会はアニメーションに溢れ，アニメーションに接しない生活はありえないといえる。テレビや映画館で上映されるアニメ作品もあれば，街頭広告やテレビCMにかぎらず携帯やパソコンのネット広告にも，静止画に少しの動きを加えることでアニメーションが頻繁に使われるようになってきた。そもそも，アニメーションとは何か。先に結論をいえば，アニメーションそのものを定義して，他のメディアと明確な境界線を引くことは難しい。しかし，そのような現状を理解することがアニメの魅力を考える際に重要になってくる。

　現在のアニメーションの定義は曖昧な状況に置かれている。広辞苑第六版のアニメーションの項目は「少しずつ動かした人形，または少しずつ変化させて描いた一連の絵などを一コマごとに撮影し，これを連続映写して動きの感覚を

与える映画，テレビ技法。」とされている。他の映画事典や海外の映画用語集にも同様の定義がなされていることから，アニメーションを規定するポイントは「素材」「手法」「概念」の三つの要素から考えられている。しかし，これらの要素にはいくらか不適用な事例が存在する。

一般的にアニメーションといえば，絵を素材とした作品を想像する人が多いだろうが，クレイアニメやパペットアニメのように絵以外のものを素材としたアニメーションも数多く存在する。あるいは，写真を素材とするピクシレーション[1]を考えれば，写真を媒介しながらも世の中のありとあらゆる物質がアニメーションの「素材」となりえる。裏を返せば，近年まで大半のアニメーションは被写体を少しずつ変化させて1コマあるいは2コマずつ撮影するコマ撮りによって作られていたため，これまでのアニメーションの定義における普遍的な要素としては，コマ撮りという「手法」がもっとも重要視されていた。しかし，例外的にシネカリグラフ[2]のようなカメラ撮影を行わないアニメーション技法は存在し，さらに1970年代に登場したCGアニメの台頭と映写システムのデジタル化によって，もはやフィルムによる映画自体が過去の遺産となりつつある。

このように「素材」「手法」においてアニメーションを規定することはできない。そこでアニメーションを考える際に最も重要となってくるのは「概念」である。アニメーションの語源はラテン語の「anima」であり，「生命を与える／生き返らせる」などの意味があるように，やはり動かない物体に動きを与えることがアニメーションの本質であると考えてよいだろう。国内外問わずアニメーションの始まりが，画家や漫画家によって自身の絵を動かしてみせたいという欲望から誕生した事実もこのことを裏付けている。

では，アニメーションの呼称の問題についてふれておく。本節では意図的に「アニメーション」と「アニメ」を使い分けている。アニメに関する呼称の問題は，映像ジャンルの細分化や日本アニメ史の歴史的展開に加え，日本のアニメが国際的に認められることで生まれてくる様々な要因が複雑に関連している。例えば，一般的に「映画」と「アニメ」は別ジャンルで捉えられる傾向にあるが，

これは曖昧な表現である。先に述べたように、アニメーションとは映画・映像制作上の一つの技法を指し示すため、「映画とアニメ」を正確に言い表すならば「実写映画とアニメーション映画」となる。また、単に「アニメーション」と表現される場合は、素材によって無数のアニメーション作品が分類され、それらの総称としての意味がもっとも大きな範疇となる。しかし、実際はそれらの無数のサブジャンルが存在するアニメーションの中でも、歴史的にも産業的にも主流を占めてきたのが絵を素材としたセルアニメであることから、「アニメーション」とはセルアニメ[3]を意味して使用されることが一般的である。

一方「アニメ」という呼称に関して、日本では単純に「アニメーション」の略語として理解され、主にセルアニメを指して使われているが、海外では日本のアニメ作品を限定して意味する造語として根付いている。1980年代に日本のアニメが世界的な人気を獲得し、「ジャパニメーション／Japanimation」という呼称で他国のアニメ作品との差別化がされ始めたが、その変形語として「アニメ／Anime」に定着したのである。

そもそも、この「アニメーション」という呼称自体、日本において使われた歴史は浅い。日本において「アニメーション」という呼称が登場した時期は、戦後にアニメの産業化が本格的に整備された1950年代にさかのぼる。その成り立ちについては、山口且訓／渡辺泰『日本アニメーション映画史』、土居伸彰「「アニメーション」の誕生－1950年代日本における海外アニメーションの受容とその影響－」などに詳しい。当時の日本では現在の「アニメ」が指し示す作品は「漫画映画」と呼ばれていた。その「漫画映画」がアニメ産業としてのメインスリームとなったとき、「漫画映画」とは異なるスタイルをもった個人制作による芸術作品[4]が登場し、「アニメーション」とは商業と芸術という対立の図式の中で「芸術」側にあたるものとして認識されていた（土居 2012, 249頁）。

以上のような「アニメ」の定義と呼称の問題を踏まえて、本節では「アニメーション」と表記する際は素材によって異なる様々なアニメーション作品の総称を意味し、「アニメ」と表記する際は特に制作国の指定がない限り、日本のセ

ルアニメのことを意味している。

2. アニメの「日本らしさ」論

　今日のアニメの繁栄は戦後に始まった。そして，日本の高度経済成長によってアニメ市場の拡大と日本文化産業が世界的に拡張をみせ飛躍的に発展してきた。そこで生まれる「日本の」アニメというナショナリティズムはどのような様相を見せているのか。ここでは，スーザン・J・ネイピア『現代日本のアニメ－『AKIRA』から『千と千尋の神隠し』まで』，トーマス・ラマール『アニメ・マシーン－グローバル・メディアとしての日本アニメーション』，東浩紀『動物化するポストモダン－オタクから見た日本社会』を参照しながら，海外の視点から見た日本アニメの認識と「日本らしさ」について考えてみたい。

　ネイピアによる『現代日本のアニメ』は，主にアニメで描かれる内容論に主眼が置かれ，「終末モード」「祝祭モード」「挽歌モード」という独自の3つの表現モードを設定し，ジェンダー論，メタモルフォーゼ論，ロボット論などの様々な観点から分析が行われている。その中心となる論考自体が，アニメの特徴を上手く捉えていることは間違いないが，ここで注目したいのは客観的にアニメの独自性を導き出すために，ネイピアが実施したアメリカのアニメファンを対象としたアンケート調査である（ネイピア 2002, 421-448頁）。

　まず，アメリカのアニメファンは世代や職業や社会的地位に関係なく多様であることを前提とし[5]，彼らにとってアニメの何が魅力的なのか。ネイピアはその最も根本的な結論として，「純粋に日本的ではなく，まるっきり欧米の影響に染まっているわけでもないアニメは，一つの文化的産物がどの国で生まれたかよりも，作品としての価値を重んじる現代のアメリカ人の心を掴んでいる。結論的に言えば，アニメは，少なくともその「異質さ」やメインストリームではない異端的なところが広く讃えられている特性によって，現代という時代に驚くほどふさわしいメディアなのである。」としている（ネイピア 2002, 446頁）。

　この異質性とは様々な観点からいくつかの要素が挙げられているため，一概に統一することは難しいが，簡潔に主だったもの挙げてみよう。まず，アニメ

の物語内容に関しては，多くのアニメファンにとってディズニーは子供向けで独創性に欠けるのに対し，アニメのテーマが複雑で物語においても知性的であり，ディテールへの描写においても美的であると思われている。また映像表現については，確かに性的描写や暴力シーンは日本のアニメのイメージを形作る一つの要素ではあるが，必ずしもそれらがアメリカのアニメファンを魅了する決定的要素ではない。さらに興味深いこととして，多くのファンがアニメを通じて「日本らしさ」を感じていないということが示されている。

ネイピア自身も本書の中で「日本アニメの無国籍性」を主張しているように，日本でつくられるアニメの多くが，その世界観を未来の世界や幻想的な異世界として設定し，描かれるキャラクターも日本人的な容姿で描かれることは少ない。つまり，日本でもなく，アメリカでもない，何ら帰属性のない世界，言わば「異質さ」で溢れたある種のユートピアとしてアニメへの親しみやすさが生まれているのであろう。

ラマールの『アニメ・マシーン』は，アニメ空間の平面性の問題とスーパーフラット論[6]，フル・アニメとリミテッド・アニメに対するドゥルーズの時間イメージ，オタク文化における物語論とキャラクー論への展開など，アニメーションの動きに関するメカニズムに主眼を置き，普遍的なアニメーションの形式論としてはこれまでにないほど質の高い研究がなされている。しかし，ラマールは本書で日本のアニメを題材としながらも，その中から「日本らしさ」を見出すことに関しては，明確に否定している（ラマール 2013，126 頁）。

そもそも，中国や韓国を筆頭とした異国の文化が日本に流入し，今日の日本の文化として定着しているものは歴史上数えきれないほどある。むしろ，ある日本文化がその誕生から今日まで続く発展の過程で海外の影響を全く受けていないものなどあるのだろうか。現代は海外旅行や海外書物物産の輸入，インターネットの普及において，人・物・情報に国境はないといえる。そのような時代に生まれた日本のアニメーション・スタジオには，当然のごとく海外出身の多くのスタッフが制作に関わることもあれば，制作の一部を海外のアニメーション会社に外注することも珍しくない。また，海外の映画作品や映画監督に影響

を受けたと自負するアニメーション監督も多くいるように，制作スタジオあるいは制作者に内在する海外の影響という点まで言及すれば，純粋な日本のアニメは存在しないのであり「日本らしさ」論自体が時代遅れでナンセンスな考えであるというラマールの主張には頷かざるをえない。この論拠は，ラマールも度々取り上げている東浩紀の「疑似日本論」で明確に示されている。

　東の『動物化するポストモダン』では，アニメ作品そのものを受容するアニメファンの観点から，アニメが世界的な人気を獲得する背景にオタク文化が深く関係していることを論じている。東によれば，オタク系の作品は主として日本を主題とし，日本的な表現を多用し，ことさら「日本らしさ」に拘る性質があるとしている。しかしながら，その「日本らしさ」を導きだそうとするアニメというメディア自体がアメリカの産物であり，東は「オタク系文化の「日本的」な特徴は，近代以前の日本と素朴に連続するのではなく，むしろ，そのような連続性を破壊させた戦後のアメリカニズム（消費社会の論理）から誕生したと考えたほうがよい。（中略）オタク系文化の根底には，敗戦でいちど古き良き日本が滅びたあと，アメリカ産の材料でふたたび擬似的な日本を作り上げようとする複雑な欲望が潜んでいるわけだ。」（東2001，23-24頁）と主張する。このようなオタク文化による「日本の」アニメという考え自体が，近代の欧米とポストモダンの日本という構図を生み出し，いつしかアニメが最先端だという幻想をいだくことが，日本のポストモダニズムの大きな特徴といえる。

　以上のように，アニメに「日本らしさ」を求めることは確かにポストモダニズムの流れの延長線上に置かれた視点であり，もはや現代のグローバル化社会に対応した論拠としては当を得ない視点だという主張は理解できる。しかし，それでも日本のアニメが他の国のアニメとは内容的にも表現的にも異なっていることは事実である。その差異をどのように見るかで「日本らしさ」の意義も異なった様相をみせる。アニメをアメリカ生まれのものを骨組みにして日本的な要素を鏤めた副産物とみるか，あるいはその日本的な要素の鏤め方に日本人としての洗練と新しさを見るか，その見方の違いによって日本文化としてのアニメの認識も大きく異なってくるだろう。

3. 『ルパン三世』のハイブリット性

　アニメが国際的に注目をあびるようになった要因は「日本らしさ」ではない独自性を獲得したことにある。その独自性とは，具体的にはテレビアニメの普及による多産型の制作体制，SFやファンタジーや日常系アニメ[7]などのジャンルの豊富さ，子供も大人も楽しめる内容，世界観の無国籍性，暴力や性描写の過激さ，オタク心を刺激するメカニック描写や日本的表象などの様々な要素が考えられ，それらが複合的に組み合わさることで生まれるハイブリット性にあると考えられる。ここではそのハイブリット性を具体的に検証するために『ルパン三世』を取り上げる。実はどの年代にも馴染み深い『ルパン三世』こそ，意外にもアニメ史において様々な挑戦と革新をとげた作品として評価されている。しかし，ここで取り扱う『ルパン三世』は1971年に放映開始されたテレビ用第1シリーズ，いわゆる「旧ルパン」のことを示している。『ルパン三世』第1シリーズの革新性については中村聡史の「「ルパン三世」初期エピソードにおける「新しさ」についての考察」に詳しいが，ここでは日本アニメのハイブリット性という観点から再考してみたい。

　『ルパン三世』はモンキー・パンチによって『漫画アクション』で1967年に連載が開始されたマンガを原作としている。このマンガ版「ルパン三世」にも早速いくつかのハイブリット性が指摘できる。モンキー・パンチはアメリカン・コミックの影響を受け，殊に「マッド・マガジン」で活躍したモート・ドラッカーのディテールを取り入れてルパンのキャラクターを誕生させた。『ルパン三世』のアニメ化の際に作画監督を務めた大塚康生はドラッカー作品とモンキー・パンチのルパンに共通する絵柄のディテールとして，「スナップの利いた気取った手付きと毛だらけの手足」「丈のみじかいまくり上げたようなズボンから出る細い足と大きい靴」「次元の帽子のように，もこもこと盛り上がったハット」「五ェ門や銭形に使われた割れた顎」などを挙げている（大塚WEB）。「ルパン三世」のキャラクター絵柄にあらわれるモダンな雰囲気は，アメリカン・コミックの独特な雰囲気やムードを重視した絵柄に影響を受けて生み出されたといえる。

このようなアメリカの影響に限らず，モンキー・パンチのマンガ作品は 70 年代当時のマンガ界で流行していた「劇画」のスタイルをとっている。60 年代から 70 年代の日本社会は社会的な騒乱期を迎え，マンガの支持者であった子供が青年や成人に達するにつれて政治的・社会的な変動と連動して文化的価値や内容に大きな変化をもたらした。マンガにおける劇画の始まりはその象徴的な事例とされる。劇画は貸本漫画から出発し，それまでの手塚治虫に代表される簡素な線で描かれた 3 頭身のコミカルなキャラクーではなく，写実的で書きなぐったような荒々しい線で描かれた絵柄を特徴としていた。内容においても，それまでの子供向けの単純なストーリーではなく，青年層をターゲットにした政治や社会の問題に言及したシリアスで叙情的な題材に性描写が頻繁に織り交ぜられるようになった。このような社会と文化が一体となった変動から，やがてオタク文化を形成するポストモダニズムの考えが具体化されるようになってくることを考えれば，やはり『ルパン三世』もまたその一端を示す好例であることは間違いない。

アニメ史においてこの「ルパン三世」のアニメーション化は明らかに大人向けアニメへの挑戦であり，「必ずしも子供向きアニメではない日本のテレビ・アニメのひとつの方向性が決定」づけられたとされている（世界映画大辞典 2008, 21 頁）。ここで大人向けアニメの条件を整理してみると，内容的高尚さ，エロティクな性描写，残酷表現の三つの要素から考えられる。この中からアニメ史で最初に試みられたのは過激な性描写を含んだポルノアニメである。日本初のポルノアニメは木村白山の『すゞみ舟』（1932 年）とされているが，詳細は不明である（渡辺 1977, 208 頁）。このポルノアニメの路線は，戦後の手塚治虫の虫プロで制作された『千夜一夜物語』(1969 年)『クレオパトラ』(1970 年)『哀しみのベラドンナ』（1971 年）で本格的に試みられ，今日ではアニメ産業の重要なサブジャンルにまで成長した。しかし，これらのポルノアニメによるエロティシズムは先のネイピアの調査によれば，特段に海外のアニメファンを魅了するものではない。彼らが指摘するアニメの特徴としてのエロティシズムは一般的な作品においても躊躇なく挿入される女性の裸やセックス描写を要因とし

ている。『ルパン三世』においても、スケベなルパンのキャラクターから峰不二子の妖艶な容姿が、原作そのままに描かれていることで子供向けアニメとは一線を画した作品作りが窺える。

　残酷描写についても劇画マンガが次々とアニメ化されることで広まっていった。特に白土三平原作による『サスケ』(1968 年)『忍風カムイ外伝』(1969 年)、手塚治虫原作の『どろろ』(1969 年)、石ノ森章太郎原作の『佐武と市捕物控』(1968 年) などが『ルパン三世』より先にアニメ化されているが、忍術や妖術を主体とした子供向けの要素も存分に含まれていた。今日のルパンのイメージは泥棒を稼業としながらもその行為は失敗に終わり、むしろその心優しい人間味やアウトローなりの正義感からルパンに悪者の印象を抱いている人は少ないだろう。しかし、モンキー・パンチのマンガの中では、ルパンはコミカルな側面をもちながらも、しばしば人を欺き、時には平気で殺人を犯す、ニヒルな悪賢い悪漢として描かれている。そのキャラクター性はアニメ化の際にも引き継がれ、第一シリーズの前半のルパンは次元や五ェ門とは仲間ではなく、ハードボイルドでアンニュイでシニカルな一匹狼の輩として描かれている。このような大人を意識した新たなアニメキャラクターは結果として視聴者の賛同は得られず視聴率の低迷に繋がり、シリーズ途中で「路線変更」を余儀なくされた。その際に高畑勲と宮崎駿が演出にくわわることで今日のルパン像がつくられていったのである。

　内容的高尚さについては東映動画の高畑勲監督による『太陽の王子 ホルスの大冒険』(1968 年) が前例として挙げられる。『ホルス』は共産主義的価値観に基づいたシリアスなストーリーに子供向けアニメからは飛躍した高度なメッセージが込められている。その背景には東映動画の労働組合の闘争が根ざしており、当時の日本の社会情勢が色濃く表れている点でもその価値は高い(桑原 2012, 239-241 頁)。『ルパン三世』の物語もまた、大和屋竺が脚本を担当することで一筋縄ではいかない奇怪なものとなっている (中村 2008, 40 頁)。

　このように『ルパン三世』は確かに大人向け作品の三つの要素を全て網羅してはいるが、それは特別に新しいことではなかった。では『ルパン三世』の新

しさとは何か，それは『ルパン三世』の企画書で示されている「①実写では絶対にできないことはやらない」「②実写でやってみたいができないことをやる」の二点に集約される（髙橋 1994, 133 頁）。中村によれば，前者はいわゆる「本物志向」の類いであり，機械，小道具，乗り物に至るまで実在感のある描写を心がけること。後者については，アメリカコミックの特徴でもあるスマートで洒落たムードや，ドライでシニカルな雰囲気を強調した内容に挑戦したことが指摘されている（中村 2008, 39 頁）。さらに中村が強調するのは，この『ルパン三世』の「本物志向」が後のメカブームの切掛けとなり今日の SF アニメやロボットアニメの源流とみてとれることである（中村 2008, 47 頁）。大塚康生によればモンキー・パンチの原作には銃や車の指定は特になく，『ルパン三世』の新たな挑戦として，それまである種の玩具としての描かれていた銃や車をワルサー P38 やベンツ SSK などのリアルなメカとして描き出したことを証言している（大塚 2006, 201-202 頁）。このような「本物志向」は『ルパン三世』に続いて，『宇宙戦艦ヤマト』(1974 年)『未来少年コナン』(1979 年)『機動戦士ガンダム』(1979 年～1980 年)『AKIRA』(1988 年) そして『新世紀エヴァンゲリオン』(1995 年～1996 年)へと脈々と受け継がれ，「オタク」系観客層のアニメの新たな価値基準を創造した。それは海外ファンからみた日本アニメの独自性の重要なファクターでもある（ネイピア 2002, 439 頁）。

　『ルパン三世』の作品世界に目を向けてみても，そのハイブリット性は顕著である。ルパン三世という外人を主人公としながらも，彼の仲間である次元大介，石川五ェ門，峰不二子，そして銭形警部といった日本人キャラクターが脇を揃え，世界中の財宝を求めて事件が巻き起こる設定はグローバルな世界観に日本的な要素を鏤めるといった東の指摘するポストモダニズム的オタク思想の類型に当てはまる。さらに個々のキャラクター絵柄についても大塚が指摘する顎の割れた銭形やもこもこと膨らんだハットを被る次元などは，明らかにモート・ドラッガー作品のディテールをそのまま残した絵柄を採用していることから，典型的な日本人像とは決していえない。このような作品世界の無国籍性も確かにアニメの独自性であり，国籍という垣根を取り払う役割を担っているの

は間違いない。

　最後に，現在のアニメの顕著な特徴としてマンガのアニメ化について言及しておく。アニメーションとは「動き」が本質であるという観点で戦後の日本アニメ史を概観すれば，まさに「動くアニメ」と「動かないアニメ」の二つの流派に分かれる。前者は日本のアニメの誕生から技術の発展を重ね，それを受け継いだ東映動画からスタジオ・ジブリに繋がる伝統的な流派である。東映動画は日本初の本格的なアニメーション・スタジオである。東映動画の第一の功績は，それまで教科書的なディズニーの作画システムから離れ，日本的な動かし方とはどうあるべきかを模索し，今日のアニメの動画表現の基礎を築いたことにある。具体的には，ディズニーの過度に流麗な動かし方は日本を題材にした内容や日本人の感覚には合わないと考え，3コマ撮りを基調とした抑制的で静的な動きを目指した（高畑 2001, 243 頁）。

　一方，「動かないアニメ」はテレビアニメの放送開始と共に虫プロに代表される新たなアニメ制作手法が考案されたことから誕生した流派である。『鉄腕アトム』（1963 年）から始まり現在では常識となっている，1 週間に 1 本 30 分もののアニメ作品を制作することは，当時の東映動画が年間 1 ～ 2 本の 90 分程度の作品を制作していた点から考えても，明らかに不可能な制作サイクルであると思われた。手塚は作画作業を極力排除するという省力化された制作手法を採用することでテレビアニメの量産型制作システムを確立し，その結果日本アニメに静止画を多用した新たな動画スタイルを生み出した。手塚の省力化のアニメ制作方法については既に多くの著書（山口 2004, 80 頁；津堅 2007, 101-102 頁など）でまとめられているので詳述はさけるが，基本的には「三コマ撮り」「止め絵」「引きセル」「リミテッド・アニメーション」「繰り返し」「ショート・カット」が挙げられる。これらの技法はアニメーションの基本概念である「動き」を創造するものではなく，動いていない絵をいかにして動いているように見せるかという点に工夫が凝らされている。『ルパン三世』はこの二つの流派が上手く融合した作品として見てとれる。

　そもそもマンガとアニメは，いずれも絵を素材としながらも静止画と動画と

いう決定的な違いから，その表現方法も大きく異なる。マンガをアニメ化する際の最大の問題は，原作マンガの絵柄の再現とアニメの本来の魅力である動きの創出という矛盾をどのように解決するかにある。そのため，マンガのアニメ化には大きく三つの手法が考えられる（桑原 2008, 33–47 頁）。一つ目は，動きの表現を排除し，静止画を多用することでマンガの絵柄を忠実に再現する手法，二つ目は，マンガの絵柄やコマ割りを大きく改変し，アニメの動きを尊重する手法，そして三つ目は，マンガの絵柄を忠実に再現しながらも，それに基づいた動きの表現を加える手法である。もちろん最後の手法が最も理想とされるが，そのためにはマンガの絵柄がよりアニメの絵コンテに近い性質を有していることが条件となるため，実際にはそのようなマンガ作品は珍しく，成功した例は少ない。『ルパン三世』は二つ目の手法によって制作された。その際，テレビアニメの手法として，3 コマ撮りのリミテッド・アニメの技法を基調としながらも，動かさなければならないところはフル・アニメを採用することでメリハリのある動画表現が試みられた。今日のアニメは，このようにリミテッド・アニメとフル・アニメを適度に使い分けながら制作されることで，産業的効率化がなされているのである。

　以上のように，『ルパン三世』は大人と子供，マンガとアニメ，日本とアメリカ，近代とポストモダン，一般的アニメとオタク文化といった様々な対照的要素が混在することで，これまでにないアニメの様相を呈した。その結果生じる「異質さ」こそ，現在のアニメの様相であり，海外のアニメファンが憧れを抱く要因となっている。

注
（1）実写をコマ撮りしたり，コマ落としするなどして特殊な動きを作り出すアニメーション技法。
（2）現像済みのフィルムの感光膜層を針や小刀で削りとり，削り方によって明るさや色の出方がかわることを利用したアニメーション技法。
（3）今日の日本においてセルを使用したアニメは制作されていないが，大半のアニメはセル・アニメーションと同様の表現が用いられているため，単に「アニメ」と

いう呼称が使用される場合はセル・ライク・アニメーションのことを示している。
（４）代表的なのは「アニメーション三人の会」で制作された作品群。
（５）アメリカのアニメファンの中で性別としては男性ファンが多いとされているが，調査対象がアニメクラブでることに加え，調査当時（1998 年）と現在のアニメの普及度を鑑みれば，現状は異なると思われる。
（６）20 世紀の終わりから 21 世紀の始まりにかけて現代美術家の村上隆が提言した，平板で余白が多く，奥行きに欠け遠近法的な知覚を拒むなど，伝統的な日本画とアニメーションのセル画とに共通して見られる造形上の特徴を抽出した概念。
（７）主に美少女キャラクターを主人公にした学園生活の日常を描き，その中での交わされる何気ない会話や平凡な事件にスポットを当てた作品。『らき☆すた』（2007 年）『けいおん！』（2009 年）など。

［欧文文献］

Susan Jolliffe Napier (2001), *Anime : From Akira to Princess Mononoke : Experiencing Contemporary Japanese Animation*, Palgrave Macmillan.（スーザン・J・ネイピア（2002）『現代日本のアニメ－『AKIRA』から『千と千尋の神隠し』まで』中央公論新社）.

Thomas Lamarre (2009), *The Anime Machine : A Media Theory of Animation*, Univ of Minnesota Pr.（トーマス・ラマール（2013）『アニメ・マシーン－グローバル・メディアとしての日本アニメーション』名古屋大学出版会）.

［邦文文献］

岩本憲児・高村倉太郎監修（2008）『世界映画大事典』日本図書センター。
大塚康生（2006）『大塚康生インタビュー－アニメーション縦横無尽－』実業之日本社。
大塚康生（2001）『作画汗まみれ－増補改訂版－』徳間書店。
桑原圭裕（2012）「戦前から戦後におけるアニメーションスタイルの変遷－東映動画を中心に－」ワダ・ミツヨ・マルシアーノ編（2012）『「戦後」日本映画論－一九五〇年代を読む－』青弓社。
桑原圭裕（2008）「マンガのアニメーション化に関する一考察」『徳間記念アニメーション文化財団年報別冊－平成 18 年度アニメーション文化調査研究活動助成制度研究成果発表－』徳間記念アニメーション文化財団。
髙橋実（1994）『まぼろしのルパン定刻』フィルムアート社，「『ルパン三世』企画書」。
高畑勲（2001）「60 年代頃の東映動画が日本のアニメーションにもたらしたもの」大塚康生『作画汗まみれ－増補改訂版－』徳間書店。
津堅信之（2007）『アニメ作家としての手塚治虫－世界を制した日本アニメの軌跡－』NTT 出版。

東　浩紀 (2001)『動物化するポストモダン−オタクから見た日本社会』講談社現代新書。
土居伸彰「「アニメーション」の誕生−1950年代日本における海外アニメーションの受容とその影響−」ワダ・ミツヨ・マルシアーノ編 (2012)『「戦後」日本映画論−一九五〇年代を読む−』青弓社。
中村聡史 (2008)「『ルパン三世』初期エピソードにおける『新しさ』についての考察」『アニメーション研究』第9巻1号A。
山口且訓・渡辺　泰 (1977)『日本アニメーション映画史』有文社。
山口康男 (2004)『日本のアニメ全史−世界を制した日本アニメの軌跡−』テンブックス。

[ホームページ]
大塚康生 (2000)「茶屋主人のひとりごと」第五回,『大塚康生WEB垰の茶屋』,http://www.shiga-web.or.jp/mvj/index.html (最終閲覧：2013年11月10日)。

第3節　『ザ・シンプソンズ』の特徴から探るアニメーションの魅力

1. アニメーションの制作・提供サービス

　日本のアニメーションは海外でも多数のファンがいることは報じられているが,海外のアニメーションでも特に印象深い番組の一つとしてアメリカの『ザ・シンプソンズ』が挙げられるだろう。アニメーションを制作して視聴者に存在を認知させ,視聴者を増やすマーケティング手法はテレビ放送あるいはインターネットそしてアニメーションのキャラクターから派生したイメージ商品(キャラクターグッズ)というチャンネルを経由するのが一般的である。
　サービス・ビジネスとしての問題はどんなアニメーションでも内容が悪ければ視聴者は関心を持たないだろうということである。飲料水という製品でも美味しくなければ売れなくなる,誰も買わなくなり市場から淘汰されるのと同じ原理である。ここでは,アメリカで意外にも多数のファンを虜にさせたアニメーション作品の魅力に焦点を合わせている。視聴者は,なぜ,この作品に関心を持つのかということを考えてみたい。アニメーションの提供も「サービス」の範疇に含まれる。つまり,アニメーションを視聴するにはテレビ放送受像機・

インターネット視聴可能なパーソナルコンピューターという有形物を媒介して可能になるが，アニメーションそれ自体は創造物ゆえ形が無い（無形性），視聴すれば残らない（消滅性），作品の放送と視聴者の視聴とは同時である（同時性）などの「サービス」の特性を持っている。従って，アニメーションを視聴者に認知してもらい，需要喚起につなげ，ファンを増やすには視聴者と効果的にコミュニケーションをとり，さらに流通上のチャンネル整備をすることはもちろん必要である。しかし，サービス・ビジネスとしては継続してアニメーションを視聴するリピーターを確保する必要がある。そのためにはプロダクトの質（ストーリー，キャラクターの個性，楽しさ，社会風刺などコンテンツ）が重要である。

『ザ・シンプソンズ』で対象になっているテーマは家族，コミュニティ，環境問題など幅広いが，これはアメリカ社会が現実に抱えている問題を取り上げているからであるといえる。『ザ・シンプソンズ』ではシンプソン一家の日常生活を通して描かれるアメリカ社会の抱える問題が一貫して描かれていることから，1989年から2013年現在まで24年間も視聴者の共感を長く得られているのではないかと考えられる。本論では紙幅の制約上，家族に焦点を絞って『ザ・シンプソンズ』というアニメーションの魅力を浮き彫りにしたい。

『ザ・シンプソンズ』は変わり続けるアメリカの家族形態を映し出しており，シンプソン一家やその家族と近隣の人びととの関わりを描き出すことにより，現代のアメリカにおいて問題とされている家族のあり方を問いかけている作品である。この作品は人びとが社会に如何に関わるかということへの問題意識が作品の根底にあり，様々な社会の出来事への主人公ホーマーやシンプソン一家の行動による問いかけが描かれている。

シンプソン家の行動が面白おかしく描写されている手法こそ，アニメーション作品の得意とするところである。それにより家族のあり方への問いかけや社会の諸問題への問いかけがより強調され，一層視聴者に訴えかけているのである。

2. アニメーションとしての可能性

　人間が演じるドラマの形態とは異なり，アニメーションは架空の人物による架空の世界・異次元の世界として，アニメーションのキャラクターが演じる人間社会を虚構の世界の物語として受け入れることができるという特徴を持っている。このことから，『ザ・シンプソンズ』はそれぞれのエピソードでアニメーションと現実社会に関連性を持たせてストーリーを構成しており，作品は視聴者に理不尽な現実を笑い飛ばさせるような手法を採用している。

(1) 広範な顧客ターゲット層

　『ザ・シンプソンズ』というアニメーションの特徴として，アニメーションは子どもを対象にした作品という従来の固定観念を取り払い，対象を子どもだけに限るのではなく幅広い年代に向けて現実社会を風刺的な視点を込めて描き出している。グレイニングが視聴者に向けてテレビの情報を決して鵜呑みにせず自分自身で考えて判断することの重要性を主張している（Griffiths 2000, pp.27-28）にもかかわらず，テレビを中心に生活しているシンプソン一家が皮肉にもテレビ番組から与えられる情報を何の疑いもせずに真に受ける姿を映し出すことで視聴者に社会の様々な問題を提示する。このような方法を取ることによって『ザ・シンプソンズ』は以前の子ども向けのアニメーションとは異なる革新的な姿勢を持ち込んでいる。

(2) 虚構の世界の優位性

　『ザ・シンプソンズ』がアニメーションという形態をとっているおかげで，展開されるストーリーはアニメーションで描かれている虚構の世界の中のできごとにすぎない。それゆえ，人々は以前とは異なる価値観でもあまり抵抗を感じることなく受け入れることが可能となる。アニメーションという虚構の世界は，多くの問題を抱えた社会を風刺して描き出すのに適している。

(3) 表現制約の少なさ

　アニメーション作品であるからこそ可能な技法が効果的に使われている。アニメーションの場合，多くのキャラクターを登場させることが可能であり，この作品では白人，黒人，日本人，インド人，中国人といった多人種を登場させ

て現代のアメリカ社会を描き出している。アメリカ人の社会へのかかわり方の行動に関してもアニメーションは時空間の制約が無い描き方ができるので，理想のヒーロー像，リーダー的役割を行う人物像を無理なく描き出すことができている。

アニメーションにおいては様々なタイプの人間をキャラクターとして類型的に戯画的に誇張して描くことができるため，視聴者は違和感を感じることが少ないことがアニメーションの特徴であると考えられる。『ザ・シンプソンズ』は日常世界を舞台としたシチュエーション・コメディであるが，ドラマと違い視聴者は作品が提示する問題意識を抵抗感なく受け入れることができる。

3．『ザ・シンプソンズ』の制作意図

この作品はアメリカという国家や市民社会の伝統を意識して作られており，エピソードごとにシンプソン一家の社会へのかかわりをもった行動を描き出すことによって，アニメーション制作という立場から社会へ関わるという制作者側の姿勢を映し出している。

アニメーションというものの社会への関わりの役割と限界について，ストーリーのなかでホーマーにつぶやかせている『リサの愛国心』（1991年9月26日放映）という作品をとりあげることにしたい。環境問題や政治の腐敗・不信が描かれるストーリーのなかで，ホーマーはたまたま手元にある雑誌の一コマ漫画を見て，「カートゥーンなんて意味ないさ。ただその時に安っぽい笑いをくれるだけさ」とつぶやく。それに対してマージが「そうとは限らない。」と返事をする。この作品は1月に湾岸戦争の始まった1991年9月に放映されており，作品には時代の影響がみられる。このホーマーの台詞はリサの国家や民主主義への怒りと失望に重ね合わせて作者の同時代の政治への不信が強く込められており，同時にアニメーションによるメッセージの役割を人びとに伝えたいという想いが込められている。

また，「カートゥーンなんてものは深い意味を持たない」とホーマーに語らせつつも，この作品の構成は，『ザ・シンプソンズ』が社会風刺の立場をとる

ことで社会へ関わろうとする立場の表明でもある。『ザ・シンプソンズ』はエピソードごとに，シンプソン家の人々の社会への関わりをもった行動をアニメーションで描き出すことによって社会に関わるという制作者側の理念を映し出している。このようなアニメーションの形態をとることで，『ザ・シンプソンズ』はアメリカ社会の風刺をおこなっている。

4.「オープニング」による問題提起効果

　毎回繰り返されるオープニングはアニメーションであるがゆえに，作品で描きだされる家族，家族と地域社会，環境問題のテーマを単純化して示すことができる。オープニングというものは作者の意図が込められており，その番組の内容を伝える方法として重要な役割を持っているため，『ザ・シンプソンズ』におけるオープニングに着目する。旧オープニングと2009年以降の新オープニングをみておくことにしたい。

　『ザ・シンプソンズ』の旧オープニングでは，まず「スプリングフィールド原子力発電所へようこそ」という標識が映り，画面左に廃棄物の山が映し出される。その後，バートが反省文を黒板に書いている学校，原子力発電所の安全管理官として働く父親の職場，母親のスーパーへの買い出し，学校の音楽室にいるリサが紹介され，その後全員が一目散で家へ帰ってきてテレビの前に勢揃いする。自己管理もできないホーマーが安全管理官として働く皮肉を込めつつ，オープニングはアメリカ社会においてあからさまにしたくはない部分を意図的に映し出している。新しいオープニングにおいても作品制作における変わらない姿勢がみられるが，作品が伝えたいメッセージはテレビの視聴者により一層視覚に訴えかけることができるような工夫がおこなわれている。

　2009年以降の新たに作りなおされた『ザ・シンプソンズ』の新オープニングは一連の流れに大きな変化は見られないが，三つ目の鳥が新たに画面に加わり環境汚染が強調されている。

　ホーマーが働いている原子力発電所に「スプリングフィールド原子力発電所へようこそ」といった看板が設置され，原子力発電所という存在が以前よりも

強調されている。また，旧オープニングでも映し出されていたタイヤの山は新オープニングでは燃えている映像に変化し，より一層原子力発電所の危険性が示されている。ホーマーの仕事場の場面では，旧オープニングで映し出されていた「危険」と書かれた張り紙は新オープニングでは「事故がなくて3日目」という表示へと変更され，事故が日常的に起きている様子が具体的な日数で示されている。

リサが学校の音楽室から追い出される場面に関しては描写の変化はない。家へ向かうシーンではホーマー，バート，マージとマギーの他にアブラハム（祖父）が車に加わっている。家族がソファーへ集合するシーンも変わらず，全体の流れは変化していない。シンプソン一家のテレビが薄型スクリーンに変化していることは時代の変化を映し出しているが，時代が変わっても『ザ・シンプソンズ』という作品の制作姿勢は変わることがないということはオープニングで示されている。

原子力発電所が毎回オープニングでとりあげられ，ホーマーが働くのは原子力発電所であるという設定がなされているように『ザ・シンプソンズ』は社会への働きかけとして環境問題を制作初期から一貫して描いている。そして，その役割を中心として担うのはホーマーとリサという設定となっている。たとえば，『大きなリサの木の下で』（2000年11月19日放映）では，木を伐採するのは環境破壊であるという立場のリサは抗議活動をおこない成功するというストーリーも放映されている。このストーリーはリサの行為を描くことで社会への働きかけの必要性をテレビの視聴者へ訴えかけている。

5. スプリングフィールドというコミュニティ

『ザ・シンプソンズ』の各エピソードにおいて，家族内の登場人物だけでストーリーが出来上がっている場合は皆無と言ってもいいほどありえない。ストーリーは必ずといっていいほどシンプソン家の人々がテレビから得た情報を中心として社会の出来事に関心をたえず持ち，その情報に反応して行動する。またホーマー家と隣のネルソン家とのやりとりも多く，新しいオープニングで

は，以前のオープニングよりコミュニティに住む人々が多く描かれ，スプリングフィールドというコミュニティのなかの様々な人が作品に登場してストーリーが出来上がっている。

　家族に対する近隣の果たす役割が現代では小さくなっているという以下のような指摘がある。

　家族の概念は，大きな変化を遂げている。現代社会では，家族，近隣社会，国家という社会連鎖の中で家族を語るのは不可能に近い。家族を軸とする血縁関係と近隣との社会関係が交わり，近世社会の基本的社会関係が成立していたと仮定すれば，都市化が進行した経済成長期以降は，この枠組みが崩壊し，家族や近隣の果たす役割は小さくなっていくはずである。つまり近隣関係が人々の生活の中に占める割合はごく小さくなってきているはずである(松平 2003, 27-33頁)。

　現代のアメリカ人はたがいに深く交わることは少なく，社会的責任を伴う活動をおこなうことが出来なくなっている。『ザ・シンプソンズ』では住民の集まりが描かれることも多く，ホーマーは自分中心ではあるが自分の家族のためには行動する。ホーマーの行動は自己中心的であるが故に視聴者の笑いを誘うけれども，ホーマーが町や政治，会社のおかしな部分を批判・追及していく姿は社会への風刺や批判となっており，笑いの効いた風刺作品に仕上がっているのである。

6. アメリカにおける変化する家族形態

　家族のありかたがアメリカ社会で大きな問題として取り上げられていた時代に『ザ・シンプソンズ』の作者はどのように家族を描き出そうとしたのであろうか。

　第二次大戦後，家族形態や価値観は大きく変化してきた。経済が急速に成長するにつれて家族の働くスタイルも，父親が働くだけでは生活が豊かに暮らせ

なくなり，母親も働く共稼ぎ家族が増えてきた。このようにアメリカでは家族形態が変化していくなかで，家族のあり方が問題として取り上げられるようになった。三浦が指摘するように「今日の世界では，どのような家族関係を築けばよいのかということについてモデルとなるような家族形態はひとつとしてない（三浦 2004, 880 頁）」というのが現状である。

1970年代以降，テレビドラマは家族の崩壊を描くことに専念したが，1990年代後半にはその陰をひそめた（Cantor 2001, p.163）。なぜなら家族崩壊はすでに社会の常識となりテーマとしては陳腐化してしまったからである。『ザ・シンプソンズ』はこのような時代を背景として，1990年代にはあまりアメリカでは一般的ではなくなってしまった伝統的な家族，つまり両親と子どもからなる家族を理想の家族像として取り上げてストーリーを展開しているのである。

このような世の中の変化のなかでシンプソン家は核家族の形態を保っている。核家族とは夫婦と未婚の子どもから構成され，産業化・都市化に伴って一般的な家族の姿となったけれども，現代のアメリカにおいてはそのような家族形態も家族の概念も変化してきている。

現代におけるアメリカ人の家族についての考えに関してダニエル・ヤンケロビッチは AP 通信／NBC の世論調査をもとにして，以下のような考察をおこなっている。

> AP 通信／NBC の世論調査は，1978年に「現在，結婚する人々はほとんどが一生涯その結婚生活を続ける」と思うかどうか，アメリカ人に質問している。60％の多数がそう思わないと答えた。同じ調査の中で，三分の二 (68%) が，結婚制度はしばらく前よりもずっと弱体化していると述べている (Yankelovich 1982. 邦訳 122 頁)。

現代のアメリカ人は様々な家族形態を受け入れる一方で，多くの人々は過去のアメリカの家族形態となってしまった父，母，子からなる家族を理想の家族

像として心の底に持っているのではないだろうか。このような時代に『ザ・シンプソンズ』というアニメーションは，現代のアメリカ人が心の底に持っている家族像をシンプソン家に重ね合わせ，さらに個人の選択の自由であるとされる様々な形態の家族像も同時に作品のなかで描き出している。それが視聴者に受け入れられた要因と考えられる。

　『ザ・シンプソンズ』ではシンプソン一家が絶えずテレビから発信される情報に翻弄されトラブルを引き起こしていく様子が描かれている。まさに先進諸国のテレビ中心の生活を反映しているストーリー展開といえる。しかし，エピソードの結末では，いつも家族の深い絆や信頼のおかげでトラブルが解決するという展開となっている。このように家族の深い絆を描くストーリーを描き出す『ザ・シンプソンズ』は，アメリカで放映されてきた家族をテーマとした多くのテレビドラマの伝統を引き継いでいるともいえる。

　アメリカのテレビドラマでは理想の家族が描き出されているという指摘をみておくことにしたい。

　　家族は社会制度的概念であるのに対して家庭は社会文化的概念であり，社会制度によって一義的に決まるものではない。アメリカのテレビのホームドラマは，アメリカ中流の家族における理想像である「健全な家庭」のイメージを主として植えつける。・・・登場する家族の人数は多数ではなく，理想型としてのアメリカの中流サラリーマン家庭がモデルとして描き出される（松平 2003, 27-33 頁）。

　『ザ・シンプソンズ』は父，専業主婦の母，息子，娘と赤ちゃんの五人家族で構成され，スプリングフィールドというアメリカ郊外の一戸建てに住み，二台の車を所有し，日曜日の朝には教会へ礼拝に行くといった典型的なアメリカの理想の家族像を引き継いでいる。

　『ザ・シンプソンズ』は家族を取り巻くコミュニティに映しだされた社会問題を描きだしており，架空の街スプリングフィールドで起こる身近な事件や，

シンプソン家のテレビで報じられるアメリカ社会の事件に対して，シンプソン家の人びとがどのように反応して，どのように行動するかということを描くことによって，アメリカ社会の抱える問題を映し出すことに成功している。

7. アニメーションの制作・提供サービスの可能性

『ザ・シンプソンズ』はアニメーションという形態をとるサービス・プロダクトである。ホーマーやシンプソン家の人々が笑いを呼び起こすような社会風刺をおこなっていくストーリー展開のなかで，実はアメリカ社会の家族問題や環境問題を取り上げており，視聴者に家族や社会にどのように関わっていくのかという問題をひそかに突きつけている。この点が多くの視聴者に共感を生み出し，長期間に渡ってブランド・アニメーションの位置を確立したのかもしれない。アニメーションの制作・提供サービスは「人の心に作用するサービス」(Lovelock & Wirtz, 2007. 邦訳41-42頁) であり，視聴者はアニメーション放送を観ることにより，大笑いしながらも自分のふるまいや考えを修正したり，納得したりすることができるかもしれない。社会風刺を採用することによりサービス・プロダクトの充実度が高まっている。アニメーションが提供するコア・サービスは創作されたキャラクターが架空の場で活躍するストーリーであるとすると，それに加えてシンプソン一家のような特異な登場人物や社会風刺テーマなどが作品の興味を増幅・補完し，差別化する。長期間，視聴者の人気を維持するアニメーションのブランド化の難しさは，実はアニメーションのコンテンツの魅力ある制作にあるかもしれない。

注
本文中記載のシンプソンズ一家のセリフは筆者訳。

この章は下記論文をもとにサービス・マーケティングの視点を加味して大幅に加筆修正したものである。
永田彰子（2010）「『ザ・シンプソンズ』とアメリカ－架空の街スプリングフィールドの家族を通して見るアメリカ社会－」『アニメーション学会』第11巻 第1号 A。

[欧文文献]

Cantor, P, A. (2001), "The Simpsons : Atomistic Politics and the Nuclear Family," in Irwin, W. Conard, M. T, and Skoble, A. J. eds., *The Simpsons and Philosophy : The D'oh! of Homer*, Chicago : Open Court Publishing Company.

Griffiths, N. (2000), "America's First Family," *The Times Magazine*, Vol.5 No.16.

Lovelock, C. & Wirtz, J. (2007), *Service Marketing : People, Technology, Strategy, 6th ed.*, Pearson Education, Inc.（白井義男監修・武田玲子訳（2008）『ラブロック＆ウィルツのサービス・マーケティング』ピアソン・エデュケーション）。

Yankelovich, D. (1981), *New Rules : Searching for Self-Fulfillment in A World Turned Upside Down*, Random House.（板坂 元訳（1982）『ニュールール』三笠書房）。

[邦文文献]

松平 誠（2003）「テレビにおける団欒」『日本生活文化史学会機関誌』第43号。

三浦 展（2004）「アメリカン・ファミリー」小田隆裕他編『事典現代のアメリカ』大修館書店。

第5章　カンボジアへ行く病院

第1節　医療サービスの国際化の概要

1. 医療サービスの国際化の実情

　病院医療サービスの国際化行動には二つの流れがあり、第1はインバウンド（輸入）である。これには人の流れと機能の流れがあり、前者は外国人看護師の雇用やメディカルツーリズムが該当し、他方は海外病院の医療サービスの日本進出である。第2はアウトバウンド（輸出）である。これは病院医療機能や医療サービスの海外進出である。日本はこれらの面では後進国であり、病院に国際経営ノウハウが蓄積されていないのが実情である[1]。

　医療サービスの世界ではメディカルツーリズムのビジネスモデルが先進国はもとより発展途上国も含み世界の約50カ国で展開され、2008年医療ツーリスト数は年間600万人程度と推定される。2012年の市場規模は1千億ドルと見込まれている。日本では2020年の潜在的市場規模は健診・検診目的あるいは低コストの医療を求めて42.5万人、金額で5,507億円規模、経済効果は2,823億円と期待されている（日本政策投資銀行 2010）。

2. サービスの特性からみる医療サービス

　サービスは形が無いことが特徴的であり、サービス購入者は購入する前に結果を見ることはできない。患者は自国では受けられない場合には自分が欲しい医療を求めて国境を超えて他国の病院へ足を運び医療サービスを受けて初めて結果が分かるのである。サービス提供とサービス需要は基本的に同時期に同一場所で実施される。患者と家族などのサービス需要者は診療が行われる施設

において，サービス提供者である病院や医師に大きな関心を寄せる。ここに医療サービスの大きなポイントが存在するともいえよう。どんな病院であるか？どんな医師が担当するのか？どんな最先端の医療機器を持っているのか？など，患者は大きな関心を寄せる。なぜなら，患者と医師は同じ場所で診療が終わるまで環境を共有するからである。病院の海外進出においても，どんな専門医が担当か，どんな高度な医療機器を使用するのか，施設の快適さはどうかなどマーケティング上検討が必要な要素が存在する。

　サービス市場に大きな影響を及ぼす事象について，ラブロックらは，国家政策，社会変化，ビジネス・トレンド，情報技術の変化，国際化を挙げている(Lovelock & Wirtz 2007. 邦訳 11-12 頁)。これまで情報の非対称性が問題視されてきた医療の世界でもインターネット技術の急速な進歩により必要な情報が瞬時に世界のどこでも入手可能になってきた。この技術進歩によりサービス需要者の得る情報は格段に増加し選択力は増大した。病院選択の基準，医療技術選択の基準，どこの国の医療を受診するかの基準となるような情報も世界を駆け巡る。

　患者は医療サービスを購入するのではなく，提供された医療サービスによって得られると期待されるベネフィットを購入するのである。医療を必要とする患者にとって先進諸国の病院がやってくるということは先進的医療を受診できる期待が起きることを示唆している。これは病院が海外展開するための大きな誘因となるであろう。

3. 日本の医療環境と病院経営の現状

　最近の日本の医療環境に少しずつ変化が見られている。メディアで大きく取り上げられてきた医療崩壊の話題ではない。革新的変化は医療機関の海外進出・提携活動であり，海外から患者を日本国内に誘導する医療ツーリズム政策である。これは日本の医療経営が国際化の波に洗われ始めていることを意味している。

　日本の医療が抱える諸問題は，第 1 に病院の医療現場が崩壊寸前状態であ

るということである。特徴を列挙すると，病院の経営不振による倒産件数の増加，医療の「質」と「安全」の問題，現場で働く職員の過剰労働および医師・看護師の不足・偏在の問題などが挙げられる。第2に医療関係産業の撤退や縮小そしてM&Aの問題がある。これらは日本の医療産業のグローバル競争力の弱さが原因であろう。第3に医療制度の崩壊危機が挙げられる。それは先進国の世界的傾向でもあるが少子高齢社会とバブル崩壊・リーマンショックなど経済発展の停滞が税収減を招き，財源不足に因る経営停滞である。日本が世界に誇る公的医療保険制度は財源不足により根底から崩壊されようとしている。

株式会社帝国データバンクが2012年1月19日に発表した医療機関の倒産件数は2001年から2011年まで計381件（病院:90件,診療所:178件,歯科医院:113件）である。世界保健機関（以下，OECDという）のデータから日本の医療を見ると過剰医療と機能拡散を示している。人口当たりの病床数が最多で年間受診回数も多い，医師は人口比で先進国に比べ少なく，看護師も全体で若干少ない。さらに1床あたりの看護師数は世界で最少である，同様に病床当たりの職員数も少ない。一方で先端医療機器が極めて多く使用されている。つまり受診回数と医療機器数の多さにより受診患者に対応する医師と看護師は過重労働に陥っている（OECD 2009）。看護師不足に対して，フィリピンやインドネシアとの経済協力協定による看護師が多数来日したが，日本の看護師試験合格者は2010年2月でわずか1.2%の合格率であったことから，この制度では看護師不足をカバーする即効性は無いといえる。

2006年のOECDの医療制度ランキングをみると，日本の医療制度は先進諸国の中で世界一と評価された。世界トップレベルの長寿国であり，乳児死亡率は世界でもっとも低く，国民一人当たりの医療費も先進国中で低い水準にあることが評価された。OECD（2009）によると，人口1,000人当たりの臨床医師数をみると，日本が2.09人，アメリカが2.43人，イギリスが2.48人と日本は世界では下位に位置する。また臨床看護師も同様であり，9.35人と欧米の約9割ほどである。一方,総病床数は世界最多で人口1,000人当たり13.9床,

アメリカの3.1床と比較すると4.5倍も病床数が多い。しかも平均在院日数は極端に長いことが示されている。アメリカが5.5日，イギリスが7.2日，フランスが5.3日と比較すると日本は19日と異常に長期間の入院であることが判る。言い換えれば，医師の実数は増えているが，それ以上に病床数が多く在院日数も長いため，臨床医は多忙を極め過労状態となっている。現在の日本の医療界で大きな社会問題になっている。患者にとっても医師の多忙は患者一人当たりのサービス水準の低下に繋がることを示唆するものである。現在の病院経営の非効率性の象徴である。

平成23年度版厚生労働白書によると，平成21年度には病院総数は8,739施設であり平成12年に比べ467施設減少している。国立・公的・社会保険団体の施設は減少が止まらず，経営不振を象徴している。医療法人病院は5,726施設と増加して病院総数の65.5%を占めている。一方で個人病院は大幅に減少し448施設と6割減を示し個人経営から法人経営へという流れが特徴的である。平成21年度病院経営管理指標によれば，一般病院の内，かろうじて医療法人の医業利益率が1.9%と黒字，自治体病院でマイナス16.1%と大きく，社会保険関係団体でもマイナス2.8%といずれもマイナスを示し，コスト高に悪戦苦闘している。

4. 日本の病院の国際化の動き

日本では過去に徳州会病院がブルガリアでソフィア徳田病院設立，経済産業省主導のサービス国際化推進事業で東京都の北原脳神経外科病院（現・北原国際病院）のカンボジア進出計画や検診システム・画像診断プロジェクトの海外展開などの試みが公になっているが件数としてはごくわずかである。

医療分野では国際的移動手段の自由化と低コスト化，情報化機能の進歩による医療情報検索の容易さ，そして医療技術・治療方法・検査技術の急速な進歩と高度医療技術受診への関心度増などが医療のグローバル化を推進している。

2010年6月経済産業省の医療産業研究会報告では日本の医療産業の方向性を考えるにあたり，下記のような現状認識が必要であると指摘されている。日

本の医療の基盤は国民皆保険制度であり，計画的な医療サービスの供給が基本である。そこには市場原理が入り込めないことが特徴となっている。言い換えれば，需要と供給の自律的調整機能は低いのが特徴である。この状況下で医療産業の国際化を検討するに当たり，上記報告書でも述べているように公的保険制度を拡張しないという条件下で公的保険制度の外の世界を活用する方向性である。

　経済産業省の推進対象は「医療ツーリズム」の推進である。日本に外国人患者の受入れを推進し，受け入れる側の日本の環境整備は医療通訳育成・医療滞在ビザの創設および日本の公的保険制度の枠外で診察する限りでの外国人医師の活用である。これは国際経営でいうところの輸入に該当する。医療ツーリズム推進を支えるものとして医療情報の国際標準に基づく国内標準化の整備の必要性を挙げている。これら政策の最終目的は外貨獲得である。国内経済逼迫状態を改善するために外国人医療ツーリスト増加によって外貨を獲得したいというねらいである。もう一方は病院の海外進出である。海外進出事例はまだ少ないが，進出病院のマーケティング戦略を検討することによって，今後の進出の貴重な情報となりうる。

第2節　日本の病院の海外展開のモデル 〜カンボジア進出の例〜

1．カンボジアの概況

　カンボジア王国（Kingdom of Cambodia. 以下，カンボジアという）はインドシナ半島に位置し，東側をベトナム，西側をタイ，北側をラオスとタイに囲まれている。1953年にフランスから完全な独立を達成した。独立後，行政組織の整備，経済開発の面でも基礎インフラの整備，産業育成がなされた。1970年代クーデター以来，長年にわたる内戦が続いたが1991年に和平協定が署名された。現フン・セン首相下で日本はカンボジアの復興・発展のために積極的な支援を果たしており両国間には信頼関係が醸成されている。カンボジアの面積は18万平方キロメートルと小さく，人口は13.4百万人，1990年の9.7百万

人から 3.7 百万人増加している。人口の 90％ はクメール人で信仰が厚い仏教国文化といえる。

　経済面では，ASEAN の中でも後発開発国であるが，1998 年のフン・セン新政権成立により政治的安定を達成した後，経済成長率は上向きに転じ 2007 年までの 10 年間の平均 GDP 成長率は 9.4％，特に 2004 年から 2007 年までは 4 年連続して 10％ を越える著しい経済成長を果たしている。世界通貨基金によると 2011 年の GDP は約 132 億ドル，経済成長率は 10.2％ であるが，世界銀行によると世界の 52 番目とまだ低所得国に位置づけられている。輸出は 56.4 億ドル，輸入は 64 億ドルである。日本との取引は対日輸出が 124 億円，輸入が 162 億円と輸入超過となっている[2]。

　カンボジア社会の現在の特徴は社会・経済インフラと法制度が未整備であること，国税徴収能力が低く大部分を関税に頼っていること，縫製品以外に国際競争力のある輸出製品がないこと，内戦に起因する人材の不足等の要因により将来にわたる事業継続の不確実性が高く外国投資が十分に呼び込めていないことが挙げられる。

　通貨単位はリエルであるが観光地やホテルなどで海外旅行者はドルが通用することから病院もドル価格設定が可能となろう。

　海外からの進出にとって利点となるさまざまな集客政策がとられ，ビザ免除協定国も存在する。病院の国際化にとって医師・看護師の進出先の国の資格保持が最大の制度的 " 違い " である。カンボジアでは日本の医師免許で医療活動ができるということから国際化の大きな誘因が存在する。

　地理的側面ではアクセスにはシェムリアップ国際空港，プノンペン国際空港などを有し，近隣諸国ならびにシンガポール経由で遠方からのアクセスが可能である。残念ながら日本からの直行便は就航していない。

2. 北原国際病院のカンボジア進出事例

　東京都八王子市に北原国際病院（北原脳神経外科病院から 2010 年に改名）を中核に計 4 つの医療機関から構成される「医療法人KNI」というグループがある[3]。2010 年 12 月には 2011 年早々にカンボジアに進出すると発表した。進出をプッシュした要因は国内市場の飽和状態であり，新市場開拓戦略としての海外市場参入志向である。この進出は戦略的な総合病院輸出である。

　首都のプノンペン市に 1,000 床規模の大規模総合病院を設立し，将来には救命救急センター設置および医科大学を併設する計画になっている。医療法人KNIの北原茂実氏は日本の医療の現状と韓国など東南アジアおよび欧米の海外の実情を知るにつれて，日本の医療は「鎖国」であると将来性を危惧するようになった。この閉塞的状況を打破しなければ日本の医療の将来はないと考え，「今こそ立ち上がる時である」と海外進出プロジェクトを立ち上げた。北原氏のこの動きはまさにアントレプレナーである。アントレプレナーとしての北原氏のトリガーは，日本の医療の閉塞性の中で自分の理想とする医療を展開できるのだろうかという不安感から日本の医療は駄目になると感じ，その環境下でも病院を生存させなければならないと感じたことが理由である。これはモリス (Morris 1998) によればネガティブなトリガーの一つである「生き延びる」に該当する。また，海外に進出するタイミングはまさに「今しかない」，これはポジティブなトリガーに該当する。病院の存続・成長を意識して海外進出を決定しただけでなく，積極的に機会を捉えて進出を計画したといえる[4]。

　北原氏の思いは自院の国際プロジェクトのホームページに表れている。北原氏は医療・介護を日本の基幹産業・戦略産業と捉えている。しかし，日本の医療機器の多くがアジアで生産されている現状から日本の医療も他の産業と同様に輸入産業化してきていると指摘する。これを打開し外貨を稼ぐには単純な製品ではなく技術・制度の輸出しかないと断言する。

　海外進出して経営上どんなメリットがあると考えているのだろうか。具体的には在留邦人向けの診療所から大手私立病院との戦略的提携，リハビリ施設の開設，また現地の医療機関への医療コンサルテーションを計画している。

それらの活動の先には何があるのだろうか。法人としての利益確保は当然として，日本の医療の現実を関係者が見直すきっかけになればいいと感じている。日本の医療ビジネスの閉塞感を打破できると考えている。これこそ，まさに医療のベンチャー的経営活動であろう。さらに進出先との国際的関係を緊密にすることにより民間外交となると確信している。

海外進出の際に考慮するべき課題のひとつに参入側が一方的に利益をあげ，ホスト国は搾取されるというグローバリゼーションの弊害が以前から指摘されている。進出先の国に何がしかの貢献が必要である。北原氏の理念にあるように「世のため人のため　より良い医療をより安く」進出先の富裕層のみならず一般市民を対象にする事業展開を構想している。

3. 特筆すべきサービス・マーケティング戦略

KNI 北原国際病院が考える特筆すべきサービス・マーケティング戦略面を検証してみる。サービス・プロダクトは脳外科と循環器科に絞っている。脳と心臓は「待てない病気」（北原 2011, 176 頁）であることが最大の診療科目設置の理由である。立地戦略ではプノンペンに巨大病院と医科大学を設置する戦略である。カンボジアにもいくつかの外資系病院が存在するが，手術など高度な医療はタイなど本国の病院へ患者を輸送し受診する仕組みである。しかし，脳と心臓の疾患は時間的猶予がない患者が多い。従って，カンボジアに所在する病院で治療することに差別的優位点が存在する。価格戦略は人材育成サービスとリンクしている。当初のターゲットは富裕層である。富裕層対象の医療費は高めに設定し，利益を人材育成サービスに投入する構想である。カンボジアの医療を支える人材育成サービスの提供とは病院に併設する医科大学で医師・看護師の育成を計画する戦略である。そこで日本品質の医療技術や看護技術を教える環境を整備する。更に付随的機能として病院で働く看護師など人材確保のために病院併設の保育所設置を計画している。日本が誇る高品質の乳幼児教育サービスの提供のような教育サービス産業の活動基盤として病院を位置付ける戦略構想も持っている（北原 2011, 176–180 頁）。

4. 参入形態

　カンボジアへの進出形態は日本の医療法人法では認可されない形態である民間出資による株式会社病院設立である。いわゆる独資の海外市場進出方式である。当面のターゲット層は在留邦人，現地富裕層およびアジア諸国からの診療希望者を考えている。国際化とは国境を越えただけでなく，現地の顧客・現地の企業を対象にビジネスを行い現地社会に何がしかの貢献を行って初めて国際化といえる。その意味では本事例は現地に定着し在留邦人のみならず現地の市民や他の国からの顧客を対象にした医療サービスを提供することから真に国際化する医療機関志向といえよう。

5. 日本の病院の国際化の道

　2007年に65歳以上の高齢者率が21%を超え超高齢社会に突入した日本は税収減から財源確保に必死になっている。このような財政難の下でも病院は経営していかざるを得ない。日本の医療市場の飽和・衰退状態から抜け出すためには戦略的な行動が求められる。その戦略的行動の一つが病院の海外展開である。日本の民間病院としてカンボジアにアントレプレナー的センスをもって積極的に進出し拡大戦略も計画している。日本の法律では不可能な株式会社病院として投資を募り，将来には上場も視野に入れている医療法人である。このビジネスモデル自体は目新しいものではないが日本の民間病院が実施したことに大きな意義があるといえる。まさに国際ベンチャー経営である。今後，相次いで日本の病院が多くの海外に進出し外貨を稼ぐことにより日本経済の成長の起爆剤としての医療産業になることが期待できる。その時に最初に考慮すべきは提供するサービス・プロダクトの内容である。サービス・プロダクトの質や内容が貧弱では海外ビジネスの成功は危うい。北原国際病院のサービス・プロダクトは脳外科と循環器科を核に置いてスタートする。これがサービス・マーケティング成功の第一関門となるであろう。

注
（1）メディカルツーリズム（Medical Tourism）は「医療ツーリズム」という言い方も存在するが本章ではどちらも同じ概念として使用する。「患者が医療を求めて他国に移動すること」（真野 2009, 56 頁）とするのが妥当である。現実にも医療ツーリズムは患者が外国の医療機関で医療サービスを提供してもらうために海外に出向くことと考えられており観光旅行とタイアップして実施されている。
（2）JICA カンボジア事務所ホームページ掲載の外務省提供資料より一部筆者加筆修正。データはいずれも 2007 年。
（3）医療法人 KNI（Kitahara Neurosurgical Institute）は 2010 年に設立された医療法人である。前身は 1995 年に開設された北原脳神経外科病院である。現在はグループとして、「北原国際病院（2010 年に北原脳神経外科病院が改名）」、「北原リハビリテーション病院」、「北原 RD クリニック」、「北原ライフサポートクリニック」の 4 施設から構成されている。理事長の北原茂実氏は理念の一つに「日本の医療を輸出産業に育てる」ことに定めている（医療法人 KNI ホームページより）。
（4）本項の多くは医療法人 KNI の北原国際病院ホームページの国際プロジェクトのページに依拠している。

　本章の一部は 2011 年 3 月 12 日第 10 回関西ベンチャー学会年次大会・国際化研究部会 100 回記念例会で筆者が研究発表した内容および追手門学院大学ベンチャービジネス研究所発刊『追手門学院大学ベンチャービジネス・レビュー』第 4 号（2012）に収載された「医療サービスのベンチャー的国際化（序）〜病院の海外進出〜」を大幅に加筆修正した上で収載している。

[欧文文献]

Armstrong, G. & Kotler, P. (2000), *Marketing : An Introduction, 5th ed.*, Prentice–Hall.

Ghemawat, P. (2007), *Redefining Global Strategy : Crossing Borders in a World Where Differences Still Matter*, Harvard Business School Press.（望月衛訳（2009）『ゲマワット教授の経営教室 〜コークの味は国ごとに違うべきか〜』文藝春秋）。

Giddens, A. (2006), *Sociology, 5th ed.*, Polity Press.（松尾精文他訳（2010）『社会学 第 5 版』而立書房）。

IMF (2011), *World Economic Outlook*.

Kotler, P. (1988), *Marketing Management : Analysis, Planning, Implementation, and Control, 6th ed.*, Prentice–Hall.

Levitt, T. (1983), "The Globalization of Markets," *Harvard Business Review*, May–June, Number 3.（セオドア・レヴィット（1983）「地球市場は同質化に向かう」

『DIAMOND ハーバード・ビジネス・レビュー』9月号)。
Lovelock, C. & Wright, L. (1999), *Principles of Service Marketing and Management*, Prentice-Hall, Inc.（小宮路雅博監訳・高畑 泰・藤井大拙訳（2002）『サービス・マーケティング原理』白桃書房）。
Morris, M. H. (1998), *Entrepreneurial Intensity : Sustainable Advantages for Individuals, Organizations, and Societies*, Quorum Books, USA.
OECD（2006, 2009），*Health Data 2006 & 2009*.

[邦文文献]

伊丹敬之・加護野忠男（1989）『ゼミナール経営学入門』日本経済新聞社。
植村佳代（2010）「進む医療の国際化〜医療ツーリズムの動向〜」『Future SIGHT』No.50。
北原茂実（2011）『「病院」がトヨタを超える日』講談社α文庫。
経済産業省（2009）『国際メディカルツーリズム調査事業報告書』。
経済産業省（2010）『医療産業報告書ポイント』。
経済産業省（2010）『医療産業研究会報告書』。
経済産業省（2013）『平成24年度医療機器・サービス国際化推進事業 報告書』。
厚生労働省（2011）『平成21年度 病院経営管理指標』。
厚生労働省（2011）『平成23年度版 厚生労働白書』ぎょうせい。
坂口一樹（2009）「赤字民間医療機関のマネジメント上の課題〜2009年度の決算データから〜」『日医総研ワーキングペーパー』No.186。
社団法人 全日本病院協会（2011）『平成23年度病院経営調査報告』。
（社）日本病院協会（2010）『平成21年度サービス産業生産性向上支援調査事業 国際医療サービス推進コンソーシアム②事業報告書』。
日本政策投資銀行 産業調査部（2010）「ヘルスケア産業の新潮流 進む医療の国際化〜医療ツーリズムの動向〜」『DBJ』No.147-1。
服部勝人（2008）『ホスピタリティ・マネジメント入門 第2版』丸善。
真野俊樹（2009）『グローバル化する医療 −メディカルツーリズムとは何か』岩波書店。
村上 薫（2012）「医療サービスのベンチャー的国際化（序）〜病院の海外進出〜」『追手門学院大学ベンチャービジネス・レビュー』第4号。
村上 薫（2013）「病院のベンチャー的海外進出診断フレームワークの理論的再構築試論」『追手門学院大学ベンチャービジネス・レビュー』第5号。

[ホームページ]

医療法人KNIホームページ, http://www.kitaharahosp.com/group/overview/（最終閲覧：2012年1月26日）。

ＮＧＯ日本医療開発機構ホームページ，http://www. Japan-medical.org/（最終閲覧：2012年1月21日）。

株式会社 帝国データバンク ホームページ，http://www.tdb.co.jp/（最終閲覧：2012年1月25日）。

共同通信社（2006）「全国の8割『産科医不足』小児科，へき地医療も深刻」，http://www.tokyo-np.co.jp（最終閲覧：2012年1月21日）。

J－marketing.net JMR 生活総合研究所 社会経済研究チーム（2010）「どうなる地方の医療？～医師不足の真相～」，http://www.jmrlsi.co.jp/concept/report/economy/square201010.html（最終閲覧：2012年1月21日）。

独立行政法人国際協力機構（JICA）カンボジアの概要と協力課題，http://www.mofa.go.jp/mofaj/gaiko/oda/shiryo/kuni/09_databook/pdfs/01-02.pdf（最終閲覧：2012年1月25日）。

富家 孝（2010）「医者を増やせば医療崩壊を解決できるのか？（2）出産難民と不人気科目：なぜ産婦人科は嫌われるのか？」，http://www.the-journal.jp/contents/fuke/2010/11/post11.html（最終閲覧：2012年1月12日）。

ミニベア株式会社ホームページ，http://www.minebea.co.jp/（最終閲覧：2012年1月25日）。

第6章　カンボジアへ行く日本ブランドの野菜
－JFPの試み－

第1節　日本の農産物海外展開：輸出概況

1.　生鮮野菜の輸出

　株式会社ジャパン・ファームプロダクツ（Japan Farm Product. 以下JFPという）というベンチャー企業が大阪市にある。代表の阿古哲史氏はJFPを通じて日本品質の野菜・果実の東南アジアへの輸出マーケティング活動および高品質日本ブランド野菜の現地生産推進のコンサルティング活動を行っている。

　日本の生鮮野菜（ながいも，かんしょ，キャベツ，大根等）の2012年度輸出額は21.4億円であるが，ながいも等（以下，ながいもという）が17.5億円（81.8％）を占めているという偏った特徴を示している。ながいもとかんしょ（サツマイモ）の両品目で輸出の約9割を占めており，他の生鮮野菜輸出はごくわずかにすぎない。日本の野菜は圧倒的に台湾が輸入しており11.7億円（59.4％），次いでアメリカが約5億円（25.2％），香港が1.6億円（8.1％），シンガポールが1.4億円（7％）となっている。さらに他の野菜などがほとんど2007～8年ごろをピークに減少傾向を示しているが，ながいもの輸出額は2008年には20.8億円が2012年に17.5億円と15％程度の落ち込みで留まっている。

2.　輸出先の特徴

　生鮮野菜輸出先別では最大の需要先の台湾向け輸出は2007年度約18億円をピークに低下傾向を示し2012年度では12億円にも達していない。品目はながいもがほとんどで11.4億円である。逆にアメリカ向け輸出は伸長してお

り，2012年度には5億円に達する勢いを示し，ほとんどがながいもが占めている。シンガポール輸出は2009年から急増し，2010年には1.9億円であるが，ながいもが約1.8億円とほとんどを占めている。香港は他国と異なった特徴を持っており，かんしょが約8割と最も多く，キャベツ，大根などが輸出されている（農林水産省 2013a, b）。総じて輸送に耐える日持ちする野菜が輸出されていることが判る。

　ながいもの輸出が多いのが日本の生鮮野菜輸出の特徴であるが，ながいもが海外で人気がある理由および日本の生鮮野菜の中で輸出額が多い理由を検証することは今後の野菜輸出拡大のヒントになるだろう。日本の長いもの最大輸入国である台湾における日本産ながいもの購入目的・購入頻度を見てみる（農林水産省 2013b, 6頁）。購入目的では日常的自家消費が4分の3を占め，自家消費でも特別な時に購入が17%となっており，両方を合わせると9割超が自家消費である。また贈答用購入も9%あり，日本産のながいもの人気がうかがえる。購入頻度からは少し異なる傾向が見て取れる。日本産ながいもをよく購入する人の割合は10%弱であり，たまに購入する人が約25%，ほとんど買わない人は40%超である。産地を気にしない人も約24%存在している。購入目的と頻度の傾向から薬膳的食材よりも自家消費用に購入していること，産地を気にしない消費者が4人に1人はいること，半数以上の消費者は日本産ながいもを進んで購入していないことが判る。購入しない理由は認知の問題か，価格の問題なのか，マーケティング戦略検討の余地がかなり残っている。

　購買層のデータからは高所得層になるほど日本産ながいも購入頻度が高く，中間所得層でも一定の需要が見られる。このことから，輸入食材の価格設定が購入頻度に関係しているといえる。逆に産地を気にしない割合は所得が少なくなるほど大きいことから，今後は戦略的に日本産ブランドの認知戦略および価格戦略に焦点をあてて展開することが需要増加にとって必要であるといえる。

第2節　日本の農産物海外展開のマーケティング的課題

1. 海外展開への道

　海外展開の具体的な手法として輸出,業務提携や技術提携そしてFDI（海外直接投資）が挙げられる。日本の野菜生産者の展開事例から考察すると輸出志向が強い生産者を取り巻く環境が海外志向の誘因となっている。生産している野菜が生産技術の進歩に伴う生産効率・生産管理能力の向上による生産量が増大したことや販売競争激化,消費者の好みの変化,輸入野菜の増加などの要因により国内市場が縮小傾向になることを予見して新たな市場開拓の必要性を見いだしたことが挙げられる。さらに国内市場では見向きもされない野菜が海外ではビジネスチャンスになること,冷蔵輸送方法など輸送技術の進歩により今まで輸送できなかった地域への輸送が可能になったこと,生産管理能力の向上によるさまざまな野菜の開発が可能になったこと,さらに日本の品質に関する安全・安心という国際的イメージが野菜の分野にも定着してきたこと,日本の野菜・果実はおいしい,安全・安心だという評判などが海外展開をプッシュしている。

　日本の農業界は数10年間世界でも最も豊かで大きな市場の中で競争していた。言い換えれば,日本という大きな市場の中に安住していたといえる。"精神の鎖国"のままである（昆 2012）。その結果,グローバル競争に立ち遅れたといえる。現在,日本では農産物は人口減少と高齢化により需要増加は望めない。従って,新たな販路を海外に求める必要がある(紺野 2011, 12頁)。生鮮野菜・果実は産地農業という面を持っている。日本の産地中小企業は同様の国際化問題に直面している。産地中小企業の国際化の可能性（山本 2013）の問題分析を参考にして国際マーケティングの視点から理解してみたい。

　第1は,海外販売製品の開発・販売を目指すことが海外展開のためには必要であるが,よく見られるのは手段の目的化現象である。展示会への出品はあくまで手段であり目的ではない,"きっかけ"として展示会出品を目指すこと,

つまり現地消費者に認知してもらうというマーケティングの視点を忘れてはいけない。台北や香港の催し場では日本の産地間の場所争奪戦，百貨店への過剰なサービス競争が常態化している（野木 2013, 18 頁）という批判もある。

　第 2 は，日常的購買行動の喚起である。単発的購入では継続性が欠けている。言い換えれば，マーケティングの常とう手段でもある現地消費者の嗜好・ニーズを反映した商品の開発である。そのためには現在日本国内流通品を海外市場でそのまま販売するという標準化マーケティングではなく，海外に住んで生鮮野菜・果実を日常的に消費して生活している人と連携することがポイントである。

　第 3 に販路開拓戦略において現地流通業者の発見と活用という提携戦略が重要である。現地の流通構造・流通慣習などに精通していない日本の生産者では時間的・気候的制約があり腐りやすい生鮮野菜・果実のスピーディな流通システム構築は困難を極めると考えられる。ここに生鮮野菜・果実の輸出面での制約が存在する。

　第 4 に，生産農家単独ではすべてのマーケティング戦略の実践は不可能に近い。従って，生産者同士の連携が必要であろう。一旦，現地へ流通を開始したら，安定的供給が必然である。生鮮野菜は季節的・地域的制約があり，時期的に生産地が異なっている。安定的に供給する場合には生産地同士の供給連携も考慮することが必要である。当然，連携には強いリーダーシップを持った旗振り役が必要であろう，また生産地を調整するコーディネーターも必要である。愛媛県西条市の地場産品輸出販路開拓の事例 (辻中 2013) が参考になろう。西条市では，行政・支援機関は輸出事業開始当初は前面に出て地域食品メーカーとともに現地へ出向き行動を共にして体験・情報共有に努め企業間調整など行い，地域企業がノウハウなど蓄積するに従い後方支援に徹するという役割に徹底している。

　第 5 として国家支援・地域支援の必要性である。政策的に日本ブランドの認知・育成には民間企業や生産者だけでは手に負える問題ではない。2020 年に 1 兆円輸出を掲げるなら，国家レベルで日本ブランド野菜をアピールでき

る積極的な支援策と実践つまり国家戦略的マーケティングが必要である。平成23年11月末に, 提言として「農林水産物・食品の輸出拡大に向けて」がまとめられ, 国家戦略的マーケティング実践が推進されるようになった。また品目特性に応じたジャパン・ブランド促進体制構築を推進するため, 農林水産省平成24年度予算で「全国団体等が実施するジャパン・ブランド確立のための取組みへの支援」が創設された (野木2013, 19頁)。

2. 野菜の国際マーケティングの課題

　生鮮野菜・果実の輸出マーケティングの最大の問題は流通である。生鮮野菜・果実の品質保持は流通状態で決定される。流通上の問題は時間とともに鮮度が劣化すること及び輸出先の動植物検疫条件など法規上の制約が存在する。従って生産地では輸出適正の検討が必須である。野木 (2013, 16頁) が指摘するように, 生鮮野菜・果実の輸出は海上輸送に耐えうる保存性・貯蔵性が必要であること, 次にロット単位での供給が可能であること, 輸出先の規制に対応できること, 輸出先のニーズに合致していること, そして価格競争力を超える品質上の優位性が必要であることである。これらはすべてマーケティング要素であることから, 輸出という海外展開戦略にもマーケティング思考は不可欠である。

第3節　カンボジアへ行く日本野菜

1. 戦略的マーケティング

　現在の日本の生鮮野菜・果実の海外展開の中心は第1節で述べたように輸出である。しかし, 品質劣化など製品特性上, 輸送面での問題は多い。さらに価格マーケティングで現地生産や近隣諸国からの生鮮野菜・果実と価格競争にさらされるという厳しい現実は避けられない。輸出マーケティングの視点では輸送という問題と価格競争という問題に絞られるだろう。

　一方で,「日本の農産物は高品質だから海外では高値で売れる」,「ドバイでスイカが1万円で売れた」などの評判を聞いて「日本産であれば海外で高く

評価される」という安易な思考に陥りやすい（野木 2013, 16 頁）。トライアル的には高額輸送費を払って航空輸送できるが，通常ではこの輸送戦略は妥当ではない。

　戦略的なマーケティングを考えるならば，輸出以外に選択肢を考えることも必要な時期に来ている。ひとつの選択肢として，海外進出が考えられる。生産農場の設立の考え方である。いくつかの先駆的事例も存在する。和歌山県の農事組合法人興里農場がそうである。10 年以上前からインドネシアのジャカルタから車で 3 時間，標高 1,200 メートルで赤道直下の町に 3.5 ヘクタールのハウスでバラと菊を温度条件が適していることもあり年間を通して生産している（昆 2012）。生産した花は日本へ輸出し，インドネシアや香港市場へも輸出している。

2. 農業の現地化の問題

　農場の現地化は現地気候や土壌の問題，さらに栽培手法の問題が付いて回る。生鮮野菜を生産するために土地を用意し，従業員を雇用し日本流の野菜作りのやり方を伝授し，期待通りの野菜が育つ保証はない。野菜作りは自然条件との戦いでもある。用意した土地が野菜の育成に適した土壌であるかどうか，そうでない場合には土壌改良を考えなければならない。さらに自然条件によって生育が左右される場合もある。従って，海外で野菜生産に着手しようとベンチャー的行動力を持ち海外進出する場合，生産という難問と販売という難問を同時に解決しなければならない。

3. JFP の国際マーケティング活動

阿古哲史氏が代表を務める JFP のマーケティング活動の取り組みを見る。

会社概要

株式会社ジャパン・ファームプロダクツ（Japan Farm Product）
本店所在地：大阪市中央区伏見町 4-4-9
運営本部　　：奈良県葛城市竹内 306
代表取締役 CEO：阿古 哲史
資本金：500 万円（2013 年 4 月）
設立　：2011 年 2 月 25 日
事業概要　：JFP グループ経営方針の策定および遂行。
　　　　　　事業子会社への経営指導および管理
　　　　　　海外への農業進出コンサルティング事業
　　　　　　日本農作物の輸出販売
海外子会社：Japan Farm Products (Cambodia) Co., Ltd.
　　　　　　・・・カンボジアでの農作物の生産・販売。農村開発事業。
関連団体等：阿古薬品・・・関西一円に 3,000 件以上の農家のネットワーク。
　　　　　　：農家のこせがれネットワーク関西・・・NPO 法人農家のこせがれネットワークの関西での活動団体で関西の若手生産者のネットワーク。
　　　　　　：上海日慶農貿易有限公司(中華人民共和国上海市)・・・中国での農業進出コンサルティング。

　JFP の現在の主要活動はカンボジア王国（以下，カンボジアという）での野菜生産支援コンサルティングと東南アジアへの販路開拓である。前者はカンボジアのプノンペン市近郊の農場で日本品質ブランドの野菜の生産と農業技術指導コンサルティングであり，後者は関西国際空港を利用した東南アジア向け贈答用産地直送フルーツのカタログ販売である。

なぜ海外進出なのか，なぜ現地生産にカンボジアが選択されたのか？ JFP 設立者の阿古氏の実家は農薬販売会社を経営し，古くから農家との付き合いがあり，農家の苦境を見聞きしてきた。日本の農家のネガティブな声，例えば「儲からない」「生活できないので息子に継がせない」などであった。阿古氏は，農業はやり方次第で十分魅力的なビジネスであることを立証したかったと語っている（阿古 2012, 3 頁およびインタビューより）。この意味では，阿古氏のベンチャー的行動は個人的なネガティブな起業誘因ではなく，農薬販売業で接してきた農家の窮状を見て現状打破するには海外展開する道を開拓すべきだという判断である。これはモリス（Morris 1998, p.84）がいうところのポジティブな起業誘因の「今しかない。今，動くべきだ」に該当する。

　阿古氏も多くの企業と同様の国際経営行動をとった。魅力的な 13 億人市場規模に魅了され中国を検討するため現地市場調査に出向いたが，安易に中国へなびく戦略は失敗の元になることに気付いた。阿古氏は 4 つの壁を発見した（阿古 2013, 3 頁）。それらは「土地の価格高騰」，「農薬汚染された土壌改良の必要性」，「政府所有の土地」という制約，そして土地の広さも関係する大規模生産中心の農業への日本流栽培管理型技術が農場の従業員に浸透するかどうかという「スタッフ」の問題が現地調査で浮上した。中国は土壌の汚染がひどく浄化に 3 年以上かかるため生産地に不適格という最終判断がなされた。ただ，中国での調査経験は中国を消費地として位置付ける決定につながり，農業進出コンサルティング・サービス活動に活かされている。

4．カンボジアの選定

　農業大国の歴史を持つカンボジアが次に候補に挙がった。人口の約 9 割が自給自足型農業を営み，伝統的に三期作をこなす技術を持つカンボジアはポルポト政権の大虐殺により農業形態が原始的農業に戻り農業技術の知識が喪失されていた。原始的農業労働では生活が十分できない状況である。阿古氏はこの状況のカンボジアに日本農家と協力して農業のプラットフォームを構築する考えにたどりついた。カンボジア人の労働に対する倫理性の高さと日本人と同様

に鍬（くわ）で畝（うね）を作るなどの耕種技術の高さゆえ，日本の農業を技術移転しても日本流栽培管理の再現が可能ではないかと考えた。

　カンボジアの気候は日本と異なり熱帯モンスーンに属し，年間平均気温が28℃のかなり暑い地域である。カンボジアの立地はインドシナ半島の中央に位置しており，タイ，ラオス，ベトナムに隣接している環境である。日本とカンボジアの距離を考えると時差は2時間だが空路は不便である。日本から直行便は運行していない。日本からの生鮮野菜の輸出は困難であるといえる。

　国際的にはカンボジアは最貧国の扱いであり日本とは大きな"違い"が横たわっている。カンボジアのGDP（国内総生産）は2000年度で2.9百億円，2011年度は10.5百億円，一人あたりのGDPは912ドルと世界平均の10%程度である。経済成長率は2010年に約5%，2011年で約6.4%と斬伸している。カンボジアの主要産業である農業はGDPの約33%を占める。基本的に農業国と位置づけられる。国内面積は18万平方キロメートルあるが農地にはあまり緑が見られないという報告もある。カンボジア国際空港の空港税は2011年に廃止され空路が利用し易くなっている。さらに経済的自由度の高まりにつれて2010年には外国人所有不動産規制の上限撤廃を行い，海外からの不動産投資を有利に進めるような弾力的決定も行われた。

　ポルポト独裁から脱出後には政治的安定化に努力している。1999年にはASEANに加盟，2004年にはWTOに加盟し国際的な向上に積極的に努力している。海外からの直接投資の受け入れも積極的であり日本は法整備などソフト面で貢献しているが，韓国は巨大ビル建設など影響力を増大し韓国語語学教育など韓国ブームを巻き起こしている。中国は1950年代からビル建設など進出は古く，最近ではインフラ整備などハード面で積極的に進出している。

　日本はODA支援では先行しているものの民間投資は韓国や中国の後塵を拝しているが，2012年10月に起工式を行なった小売サービス業のイオンが首都プノンペンに10万平方メートル，150店舗，2千人超の従業員を雇用する大型ショッピングモールを2014年に開業する。これはカンボジア初の100%外資のショッピングモールである。

カンボジアはまだ底辺であるが将来性は極めて高い。海外直接投資額も2007年には800百万米ドルを超え，2005年の倍増となった。その後，世界不況が原因で進出は停滞したが2008年頃から日本企業が進出を開始した（中小企業国際化支援レポート2009）。しかし，日本企業がカンボジアに対するイメージはまだまだ低い。2011年10月時点の外務省海外在留邦人数調査によるとカンボジア在留邦人数は1,201人，企業数74社にすぎない。2012年2月の第14回通商政策会議資料でもカンボジアは3年中期的有望市場の16位と評価は低い。

　カンボジアは人口13.4百万人，平均余命は2005年度で58歳，乳児死亡率は激減している。平均年齢は22歳と若く，年間40万人出生している。人口構造的には将来の野菜の需要増加は容易に期待できる。

5. パートナーの発見と支援の存在

　海外展開に重要な点は現地パートナーの発見と支援の存在である。阿古氏が重視する点は2点ある。一つは現地事情をよく知っている信頼できるパートナーと出会えるかどうかが成功を左右するという点，次は政府支援をいかにとりつけることができるかどうかという2点を重視している。

　阿古氏はJFP設立時，現地で事業を長年やっている日本人および政府関連人材と知り合いになれたことが大きかったと語る。それによって生鮮野菜の生産に充分な広さの土地を確保でき，スムーズに事業開始することができた。さらに政府の政策とのタイミングが合ったことはラッキーであった。丁度，カンボジア政府が農業政策に力を入れ，「ワンビレッジ・ワンプロダクト」戦略を遂行していること，さらにASEAN統合に向けてベトナムのホーチミン市からカンボジアのプノンペンを通り，タイのバンコックへと通じる南部経済回廊が開通することに魅力を感じた。将来的には，カンボジア国内の農業生産への道筋およびASEAN諸国への農産物の物流ルートが確保できることになる。このような国家政策はJFPの今後のマーケティング活動の促進要因となる。

6. JFPのサービス・モデル

　JFPの生鮮野菜販売のサービス・モデルの構想をサービス・マーケティングの視点から整理してみたい。第1にサービス・プロダクトの特定である。JFPが提供するコンセプトは日本ブランドの高品質生鮮野菜である。それを強化する側面は日本式農業に裏打ちされた土地の改良と日本流の野菜作りのやり方を技術移転された現地農家による生産体制の構築である。2012年春からプノンペン郊外の約3,000㎡の自社農場の土壌改良と試験栽培を開始し，オクラ，エダマメ，キュウリを始めとする10数品目の栽培試験を行った。現在は試験栽培の結果を検討した結果，オクラや葉物野菜を中心とした安全管理された作物をプノンペン市内の各スーパーマーケットや飲食店に販売している。さらに2014年度には現地NGOが支援する農村に生産委託し，日本基準に合致した農薬成分の使用法を伝授して生産した数種類の野菜を販売開始する計画である。

　第2に野菜の提供システムが重要である。日本品質ブランド野菜を生産しても流通マーケティングの仕組みを構築しないとカンボジア農家にとって「真の成功」とはならない。確固たる流通体制がないと農産物ブローカーが安く農産物を買いたくリスクが存在する。阿古氏は日本品質ブランドの野菜生産技術の定着を目指すためには生産された高品質野菜の流通を構築することも計画の範疇に含めている。2013年1月にプノンペン市街地に配送センターを開設し，野菜の選別と加工，パッケージングまで行い，小売までの流通を管理する仕組みを作った。第3に適切な価格戦略と収益管理がビジネスの成否を左右する。当初は消費者による商品と価格の認知が必要である。提携スーパーである「ハッピーファーム」や高級スーパーマーケット，高級飲食店で販売・使用してもらい，高所得層対象に販売することから始め，高価格だが日本ブランド野菜の品質の良さ・美味しさを認識してもらう方式である。収益を上げる仕組みは2段構えである。自社農場で生産する高級野菜とプノンペンから2〜3時間圏内の減農薬・有機農法の現地農家及び農村への委託生産の2種類を考えている。前者は高収益率を期待し，後者はボリュームゾーンであり収益源と

位置付けている。委託農家から一定倍率で仕入れ，それを現地価格に一定倍率を掛けて販売することで収益を確保する構想である。

　第3は顧客とのコミュニケーションの問題がある。マーケティング・コミュニケーション・ミックスの選択は重要であるが，JFPのようなベンチャー・ビジネスでは初期段階で広範な広告宣伝を実施しても効果は少ない。現時点の供給量から考えて提携スーパー・高級飲食店での顧客使用経験に基づく口コミによる普及と販売・使用場所の拡大が重要である。コミュニケーション・ミックスの選択は需要と供給のバランスを考えて選択することが必要である。

　第4としてポジショニングの問題がある。ポジショニングの検討も実施するビジネスによって異なるが，重要なことは漠然とした検討ではなく絞り込みである。JFPの生鮮野菜の販売のような特定の顧客層に特定のプロダクトの提供から入っていくビジネスにおけるポジショニング分析は慎重にする必要がある。ポジショニングを行うことにより，まずJFPが提供する日本品質の生鮮野菜の販売サービスは競合野菜販売サービスとどのように異なるのか，どの程度の消費者のニーズに対応できるものか，設定した価格で販売した場合にどのくらいの収益が確保できるのかといった市場との関係を明確にすることができる。次に，ポジショニング分析を行うことにより市場機会の明確化ができる。例えば，日本品質の野菜を購入する潜在的顧客層はどのくらいの規模で存在するか，競合野菜とどういう差別化が可能かなどの分析が必要である。最後に販売サービス提供のためのマーケティング・ミックスの組み合わせの特定である。日本品質野菜の販売の流通戦略，販売店舗立地戦略，時間的・時期的戦略，価格戦略，ブランド管理戦略，顧客へのコミュニケーション戦略などの検討と確立である。

7. 今後の展開課題

　阿古氏の海外ビジネス展開の基本構想はカンボジアでの5年間で先行優位性を確立することであった。農業国という立地優位性および日本品質ブランド野菜生産技術の所有優位性を発揮することである。それでもすぐに日本品質野

菜ブランドが栽培できるというわけではない。土壌の改良には時間がかかる。カンボジアには日本野菜に適した有機質の豊富な土壌が少ないこと、場所ごとにばらつきがあること、ならびに最適な野菜品種の選定も重要である。極力、有機質の土壌に改善するために野菜の売れ残りを肥料にする循環型農業も採用する。そして委託農家へは日本式農業のコンサルティング・サービスを無料で行うことによって日本ブランド野菜生産への確実な道を歩んでいる。

　5年間の先行優位性をアドバンテージにして生産から流通そして販売まで市場を押さえていかないと、韓国や中国のスピーディな国家戦略的海外展開がカンボジアに参入してくることは目に見えている。現時点では日本品質の優位性がアピールできるが、5年もすると追いつかれるだろうと阿古氏は予測する。従って、今が進出して地盤固めの最適な機会である。Made in Japan ではなく、Made by Japanese の野菜の認知と市場定着を急いでいる。

　本章執筆にあたり、2013年4月12日、筆者は阿古社長に直接お話しをうかがう機会をいただいた。ここに記して深く感謝いたします。

[欧文文献]

Lovelock, C. & Wirtz, J. (2007), *Service Marketing : People, Technology, Strategy, 6th ed.*, Pearson Education, Inc.（白井義男監修・武田玲子訳（2008）『ラブロック＆ウィルツのサービス・マーケティング』ピアソン・エデュケーション）。

Morris, M. H. (1998), *Entrepreneurial Intensity : Sustainable Advantageous for Individuals, Organizations, and Societies*, Quorum Books.

[邦文文献]

阿古哲史（2012）「巻頭インタビュー 東南アジアへの販路開拓と農作物の現地生産をサポートカンボジアという新天地で日本農業の未来を切り拓く」『Sailing Master』。

伊丹敬之・加護野忠男（1989）『ゼミナール経営学入門』日本経済新聞社。

昆 吉則（2012）「高品質の日本の農産物が海外で売れない理由」『WEDGE』1月号。

紺野和成（2011）「農産物輸出成功のカギは攻めの姿勢」『AFC Forum』1月号。

下渡敏治（2011）「今や待ったなし農産物輸出戦略の構築」『AFC Forum』1月号。

田中 豊（2013）「地域の強みを活かした産品の輸出」『国際文化研修』Vol.78。

辻中健史（2013）「地場産品輸出販路開拓プロジェクト～四国発食品輸出ルート確立～」

『国際文化研修』Vol.78。
農林水産省（2013a）『平成 24 年農林水産物・食品輸出実績（品目別）』食料産業局輸出促進グループ。
農林水産省（2013b）『青果物の輸出戦略（案）』。
野木宏祐（2013）「農林水産物・食品輸出の現状と課題」『国際文化研修』Vol.78。
藤田孝司（2011）「海外現場から日本農業へのアドバイス」『AFC Forum』1 月号。
宮内敬司（2011）『知られざるチャンスの宝庫 カンボジアビジネス最新事情』カナリア書房。
守山宏道（2012）「中小企業の海外展開支援策について」『政策研究大学院大学 GRIPS 開発フォーラム第 1 回「中小企業の海外展開」勉強会資料』。
山本篤民（2013）「『中小企業の国際化戦略』産地中小企業の国際化」『政策研究大学院大学 GRIPS 開発フォーラム第 5 回「中小企業の海外展開」勉強会資料』。

[ホームページ]
横田洋之（2007）「4 事例に見る今後のわが国農産物の位置付けと方向性」21 世紀政策研究所，http://www.21ppi.org/pdf/thesis/070330.pdf（最終閲覧：2013 年 7 月 13 日）。

第7章 台湾へ行く「おもてなし」
－加賀屋の試み－

第1節　宿泊業界の現状

　繁栄，衰退，新業態の登場など，宿泊業界には様々な動きがある。高級ホテルは諸外国から我が国への参入がある。格安ビジネスホテルでは朝食を無料で提供する業態も定着した。それとは異なる業態として，無料の朝食に力を入れるカプセルサウナも魅力的である。若者には古い業態というイメージがあるかもしれないが，幅広い世代をターゲットとして，接客サービスよりも料理を充実させる新しい旅館もある。もちろん，従来からの格式を重んじた丹誠込めた料理と接客サービスを提供する旅館も多くある。さらに，倒産した老舗旅館の居抜き物件をほぼそのままの状態で運営し，破格での宿泊サービスを提供する新規参入業者も現れた。経営状況は苦しいもののペットとのふれあいを大切にする家族的な民宿やペンションもある。

　筆者の認識として，この業界は不況であるとか景気がよいとかの判断，評価はあまり意味のないものだと考える。ある特定の市場に参入業者が増えれば競争は激化し，撤退する業者も多く出るのは当然である。そのような捉え方よりも，消費者にとって，宿泊商品の選択肢が広がる現象が注目に値する。これをどのように受け止めるのか。筆者の認識を明確にしておこう。業態が多様になれば，ある消費者にとっての選択肢が増えるとも理解される。その都度状況に合わせて宿泊施設を使い分けるという選択肢をこれは意味する。しかし，現実的にはそのようにはならないと筆者は推測する。宿泊施設やそこでのサービスに対して各個人の好みがあるので，今日的な状況は消費者にとって以前よりも適切な業態が現れてきたと考えられる。繰り返せば，過去の曖昧なサービスは

明確化しており，各宿泊施設はその独自性をますます追求する時代となった。各個別的な業態の中でどれだけ差別的優位性を確保するのかがポイントになる。逆に言えば，他の業態の模倣をしても効果は期待されない。小売企業で頻繁にみられる業態間の競争はこの業界にはない。各業態による市場の棲み分けが進行しているからである。その点からすれば，取引関係が単発的である消費者ではなく，顧客としての長期的な関係作りが求められる。それを「おもてなし」をキーワードとする加賀屋の事例から学んでもらいたい。

第2節　老舗旅館の特徴

　老舗旅館はどのような特徴があるのか。他の業態との関係から説明しよう。章のタイトルにもある「おもてなし」は全ての業態では老舗旅館が最高である。高級ホテルでの接客サービスも素晴らしが，両者を使用する宿泊客の認識・評価基準には差があるため，単純に比較しても意味がない。宿泊客と従業員との接点の相違に注目する。由緒正しき老舗旅館の中には1日の宿泊客が10数名程度までのところも多くある。それは単に資本規模が小さいからという理由ではなく，最高のサービスを提供するために必要なシステムだからである。宿泊客が旅館に到着して，女将が出迎える。部屋食では客室係が丁寧に対応する。温泉や景観も含めて，様々な説明を懇切丁寧にする対応はホテルとは比較にならない。常宿とする顧客に関する蓄積された情報は内容の濃いサービスの生産素材となる。顧客にとっては，自分の様々な好みを詳細に把握している老舗旅館での宿泊は特別な空間を形成する。

　老舗旅館での料理を理解するため，高級ホテルとの比較をしておこう。まずは高級ホテルでの料理の魅力は何か。それは国内的，世界的な施設の広がりとの関係がある。ある高級ホテルの本店をある顧客は利用する。旅行や出張先でも宿泊先は必要となるので，同じホテルが各地に展開していることの有用性は高い。世界共通のサービスの品質を保証する高級ホテルは顧客にとって，宿泊先の選択に対する時間的節約をおこなう。また，海外進出先の各施設を頻繁に

利用する顧客の視点から先述の旅行先の宿泊を考えれば，まさに世界的標準は重要である。それと同時に，多様な国籍の宿泊客に対する料理は多様でなくてはならない。またそれだけでなく，ある客が知人や関係者と訪れる際，そのゲストに合わせた豊富な料理の選択肢が必要となる。

それに対して，老舗旅館には料理の選択肢が少ない。基本的には和食であり，料理内容による価格差が存在する程度である。老舗旅館の場合，その施設全体の統一的なコンセプトがあり，それは料理まで一貫したものになる。もちろん，高級ホテルにもコンセプトはあるが，老舗旅館ではそれがより個別的である。また，ホテルでは宿泊客が当日料理を注文するが，旅館では宿泊予約時に決められる。その点では旅館の方が食材に関する廃棄ロスの問題は少ないものの，材料の仕入れ問題は発生する。特に，漁は天候に左右されるためである。宿泊可能人数が非常に少ない老舗旅館では通常，料理に最高のおもてなしが現れる。例えば，料理人が野山から季節の食材を収穫，料理する。食事の際には各食材についての詳細な説明がなされる。宿泊客は食事の素材までを料理人との会話も合わせて楽しむという時間がある。

各老舗旅館はその立地する周りの環境との調和を図りながら，独自性を追求するものであり，ある旅館が他の土地に広がりを持つということは従来から培われたそれとは一致しない可能性は十分にある。その点でも高級ホテルのような広がりの実現は困難である。

第3節　宿泊施設の国際化

先述したように，高級ホテルの場合，自社の宿泊客が他の土地で宿泊をする場合を想定しているため，世界各地に拡大する。例えば，アメリカ人が現地であるホテルを利用する。そのホテルは日本にもあり，ビジネスや旅行の際にその人は日本でも使う。進出先の日本にある宿泊施設を私たち日本人が気に入り，頻繁に使用することもある。また，先のアメリカ人と同様に他の土地でも同じホテルを使用したいと思うかもしれない。そのような利用客の連鎖により，世

界各地に施設が拡大する。それが高級ホテルの国際化の1つの要因である。

　それに対して，老舗旅館はそのようにはならない。本節は前節にあった老舗旅館の特徴の1つとして捉えてもらいたい。逆に言えば，そのような一般的な旅館のあり方を変える先駆的な事例として加賀屋を本章では紹介する。国際化する宿泊施設は基本的に高級ホテルに限定される。老舗旅館の場合，周りとの一体化という問題があった。ある老舗旅館が他の土地に施設を作ろうとしても，最適な土地にはもう既に他の施設がある。リゾート開発するような形での進出をする旅館はまずないであろう。それは資金的な問題からではなく，自然も大切な要素だからである。施設は全体との調和の中にその価値が存在するのであって，その施設自体が高級ホテルのような機能を担えないからである。高級ホテルではその施設が独立した空間を形成するが，旅館ではそうはいかないからである。また，従業員も長年の経験が宿泊客へのおもてなしの品質を保証するため，新しい施設の従業員や女将の問題も解決しなくてはならない。新しい施設は従来に対して，格が下がるものと考えられる。また，料理の品質管理問題もある。

　従来からその旅館を宿泊する顧客は様々な要素から利用を決定している。進出先では各要素が変更されるため，また，その土地には従来からの老舗旅館もあるため，その顧客にとって，その土地の複数の宿泊施設の中の単なる選択肢の1つになってしまう。

第4節　加賀屋の試み

1．加賀屋の「おもてなし」

　丸山一彦によれば，小田興吉郎が加賀屋を1906年に創業した。二代目の女将であった孝は旅館の基本となる各客室への挨拶回りを始めた人物であると言われている。また，加賀屋の信念とする「お客様の要望に絶対にできないと言わない」という姿勢を作った。四代目小田孝信社長は「おもてなし」を「笑顔で気働き」と表現する。それは笑顔を絶やすことなく，客の些細な行動を瞬時

に読み取り，客の立場でサービスを提供することを意味する。この具体的な活動として，宿泊客からの様々な意見を吸い上げるためのアンケート調査と年間3回のクレームゼロ大会が実施される。クレーム改善の前提となる人の教育活動も熱心である。入社後3日間の集中講義，7日間の実務教育，先輩によるOJT教育，外部講師による加賀屋ビジネススクールの開催，大学での受講，研修視察などがある。おもてなしに専念できるよう企業内保育園「カンガルーハウス」を設置したり，徹底的な機械化もおこなっている。消費者ニーズの探索について，別会社の加賀屋レストランシステムズは大都市圏で「味の店」を展開し，おせち料理を伊勢丹や三越などでも販売するが，それは多角化が目的ではなく，宿泊客の食事内容の充実を図るため，大都市圏での食文化に関する動向を分析するためである。また，老朽化した施設をリニューアルするのは一般的であるが，顧客を飽きさせない努力として，それが位置付けられている（丸山 2004）。

　内藤耕によれば，宿泊客の一人一人を大切にし，丁寧なおもてなしをするための工夫が加賀屋にはある。客室係は宿泊客に長時間接する中で，会話や行動の観察から様々な情報をフロントに伝達する。法事であれば陰膳を，誕生日であればプレゼントを提供する。還暦や米寿などの祝いであれば角樽を出す。それだけでなく，身長に合わせて浴衣を用意する。このような客室係の対応が品質の高いおもてなしを形成する（内藤 2012）。

　おもてなしの神髄を示す逸話として，二代目の興之正，孝夫婦は当時部屋数わずか12室であったため，施設面の弱さを接客と料理で補おうとした。富山の地酒が飲みたいという客の要望に応えるため，タクシーを手配して往復4時間もかけて用意した。この時以来，宿泊客の要望は絶対であるという姿勢は今日まで受け継がれている（日経ベンチャー 2007.8）。日々の成果の現れとして，観光業界紙を発行する旅行新聞社の企画による「第38回 プロが選ぶ日本のホテル・旅館100選」において，33年連続総合部門1位になった（北国新聞 2013.1.23）。

　先述したように施設面での評価も高い。2003年当時，1981年以来200万

人の宿泊客を受け入れた能登渚亭の改装工事の際，洋風化を目指した。洋寝室を大幅に増やし，一部客室に露天風呂を，家族向けとして2部屋がつながったコネクティングルーム3室を，車いすでも利用しやすい部屋などを設置した。ベッドの増設，コタツからテーブルへの変更もおこなった（朝日新聞朝刊石川 2003.2.8，朝日新聞朝刊石川 2003.7.29）。

　先述した周辺との調和についても積極的な活動がみられる。加賀屋は全体的に衰退する和倉温泉街の活性化に貢献している。街並み再整備事業に係って，加賀屋が貸店舗「錦長屋」を建設した（北国新聞 2011.11.1）。金沢駅前にある料理旅館「金沢茶屋（旧茶屋旅館）」を初めとし，オーナー同士が親類であり，地元資本が望ましいという判断により隣接する「ホテルたな嘉」の再生もおこなった。加賀屋にとって，新しい形態である「虹と海」では客室係と部屋食をおこなわず，集中仕込厨房を設置して，効率的な運営をおこなう。女性グループや個人利用客をターゲットとする（北国新聞 2010.2.24, 3.26, 4.27）。また，昭和天皇が宿泊されたことで知られる「旧銀水閣」を加賀屋は取得し，再生に向けての検討をおこなっている（北国新聞 2012.4.6）。

　加賀屋は二代目女将の老舗旅館としての信念・方針をおもてなしの中核とし，宿泊客からの絶大な評価を得ている。そのための努力として，客室係からの情報の収集とそれへの対応，詳細な項目が設定されたアンケート調査と徹底した改善活動，おもてなしの担い手である従業員のサポート体制の充実としての社員教育と社内保育サービスだけでなく，機械化の積極的な導入，宿泊客の食事への好みを迅速にキャッチするための首都圏での料理店の出店など，老舗の良さを守りながら，ベンチャー的発想で積極的に活動している。それだけでなく，自社だけの発展を考えるのではなく，観光地としての魅力度を高めるための活動も積極的におこなっている。「おもてなし」の精神は館内だけに止まることなく，地域への広がりと関係性を持つ。

2. 台湾へ行く「おもてなし」

　2006年の時点において，北陸の温泉地への外国人観光客の多くは台湾からであり，それは大手旅館が積極的に台湾へのチャーター便を使っているからだとみている。台湾人は親日的で，日本文化へのあこがれが強い。中国は富裕層の目は欧州や南国リゾートに向いているが，台湾の多くが中流層であるため誘客がしやすいと加賀屋関係者は分析する（北国新聞 2006.1.18）。

　加賀屋は2004年度から台湾と能登のチャーター便を運航しているが，中国北京市の名門ホテル「北京飯店」と友好交流に関する覚書を交わし，また，「日本旅館海外展開プロジェクト共同体」に参加し，中国人をターゲットとする動きもある（北国新聞 2011.11.29, 2013.2.22）。

　台湾の不動産会社と合弁で経営する和風旅館「日勝生加賀屋」を台湾北部の北投温泉で開業した。地上14階，地下4階，90室，畳の和室，日本食，客室係の設置などは日本スタイルである（北国新聞 2010.1.21）。客室係は現地で300人の応募の中から日本語や日本文化への理解を基準に70人が採用になった。その一部は和倉温泉での研修を受けた（朝日新聞朝刊石川 2011.1.1）。

　台湾への進出は加賀屋の積極的な活動として高く評価される。それは従来の老舗旅館の枠組みを打ち破るベンチャー的発想によるものだからである。しかし，それは単に積極的な行動ではなく，老舗旅館としての基盤を固めたことに裏付けられている。日本で培われた老舗旅館の魅力を海外でも堪能してもらうという姿勢は高級ホテルでは真似できない。老舗旅館でのサービスはそれ自体が独自的なものであり，差別的優位性を確保するからである。日本的おもてなしの代表的な老舗旅館はそれだけでも集客能力を有する。また，加賀屋は台湾へ進出する以前からの日本での台湾人への対応を基礎として，日本での経験を台湾でも味わえる機会を提供している。さらに，台湾での加賀屋のサービスを経験して，日本に訪れる際にはその本家でのサービスを受けたいと願う宿泊客を獲得する。加賀屋は老舗旅館の今後を担う大きな指針である。

[邦文文献]

内藤 耕(2012)「サービス産業の生産システム」『精密工学会誌』Vol.78 No.3。

丸山一彦(2004)「サービス産業におけるマーケティング・マネジメントの役割と知識に関する実証研究〜株式会社加賀屋(旅館業)を事例として〜」『成城大経済研究』165号。

第8章　ニューヨーク公共図書館における移民サービスとしての教育プログラム

第1節　図書館における教育プログラムへの取り組み

　本章ではアメリカの文化施設（Cultural Institution）のひとつであるニューヨーク公共図書館が提供するサービス（教育プログラム）の目的や意義を解明し，グローバル社会の中で移民へ提供するサービスを明らかにしたい。

　この図書館の教育プログラムはすべての人々に解放されており，より多くの人の文化的・社会的ニーズを色濃く反映し，実践している。多様な民族が混在するニューヨークにおいて，どのように文化施設が人々のニーズを把握し，どのような意図からプログラムを提供しているかを分析し，移民へサービスされている教育プログラムの取り組みや意義をサービス・マーケティングの視点を加味しながら明らかにしていきたい。

　グローバル社会を移動する人やアメリカ社会への移民に対する図書館における主要な教育プログラムの一つである英語教育プログラムは単に英語という言語を教えることを意味するものではない。このプログラムは受講者が英語を習得することを通じてアメリカ社会についての知識を深めることが出来るように作られている。

　異文化間の移動がたやすくなり国際化が重視される時代において，文化施設が提供するサービスの役割をニューヨーク公共図書館の取り組みをもとに検討する。一方，アメリカ社会への市民参加の在り方が公共図書館の教育プログラムへの取り組みに影響を与えていることも考えられる。

　日本においては教育プログラムを図書館や博物館を使って行っている試みは少ない。アメリカの文化施設がどのように教育に貢献しているかを研究するこ

とは，今後日本でも増えると予想される移動する人々の教育機会や教育の取り組みの在り方を模索する参考になると考えられる。また，図書館や博物館などにおいて，教育プログラムを実践する機会につながる。

アメリカの図書館における教育プログラムの変容は移民のニーズにどのように図書館が対応してきたかを映し出している。アメリカの図書館の活動や図書館が果たしてきた役割は人々の求めるもの，ニーズにどのように貢献してきたかについて検討する。

第2節　図書館の"約束"

ニューヨーク公共図書館が利用者に対して提供するサービスの"約束"に着目したい。ニューヨーク公共図書館のミッション・ステートメントを検討することで図書館の利用者に対する姿勢を明らかにすることが出来ると考える。またミッション・ステートメントから地域の特性やニューヨーク公共図書館の特徴を明らかにすることができる。以下，ニューヨーク図書館の使命を紹介する。

（1）私たちはより多くの学習者や研究者を育て，生涯教育を推進する。

　私たちは：
- 情報を操り，学ぶ技術を教える
- 働くために必要なツール，資源，場所を提供する
- 探求型会話に引き込む
- 利用者が自らの考えに挑戦し，取り組めるような環境を提供する
- 利用者の創造性，研究，そして問題解決能力を支援する
- お互いに学び，想像力をひらめかせる相乗効果を行えるよう人を引き合わせる

（2）ニューヨークのグローバルな視点を反映するような資料や情報を，無償でそしてオープンに提供することにより知識を深める。私たちは：
- 専門分野を高めるものを見極め，取得し，保存する
- 他の機関と連携し，資料を補足する

・利用者の興味を駆り立て，視野を広げ，考え方を豊かにする
・専門分野において世界とつながることが出来るツールを構築する

(3) 私たちは市民権と社会的参加を促進することにより，コミュニティーを強化する。私たちは：

・重要な技術，そして能力の発展を推進する
・幅広く役立つ資源を提供し，利用者が社会を理解し，社会に関われるように支援する
・利用者と楽しみを共有し，誇りをもって，称賛できる安全で信頼できる場所をつくり，コミュニティーに提供する
・歴史的に重要な信頼できる資料を提供する
・多様なコミュニティーを引き合わせる

　このミッション・ステートメントから明らかになることはニューヨーク公共図書館の使命は生涯教育を推進すること，知識を深めること，コミュニティーを強化することに集約される。

第3節　文化施設の役割と地域の特性

　文化施設の役割についてはさまざまな意見がある。Weil（2004, pp.74-75）は文化施設の主要な三つの機能とは保存，学習，そして連携であると述べている。また Carr は文化施設の理想的な機能について「図書館や美術館は人々が生きていくための思考を構築し，さまざまな可能性について考えることができるような使命とサービスに献身的であるべきである」（Carr 2003, p.57）と述べている。

　図書館は利用者の知識を構築し，学びを支え，資料や情報を収集し，保存し，提供する場所にとどまらず，さまざまなサービス機能を果たしている。ニューヨーク公共図書館のミッション・ステートメントには利用者の多様なニーズに応じた図書館サービスを推進し，多数の教育プログラムなど学習機会を提供していることが示されている。

ニューヨーク市は地域の特性として多くの移民や英語を母国語としない人々を抱えていることがあげられる。この移民人口集中はロサンゼルス，サンホゼに続いて3番目に多い都市である。

　United States Census Bureau (2012) によると，ニューヨーク市では外国生まれの人々が全体の36.9％にのぼる。そして家では英語以外の言語で話す5歳以上の人々は全体の48.7％である。このデータからもニューヨーク市は英語を母国語としない人々が集中していることがわかる。

　また，United States Census Bureau (2010) は英語以外の言語を家で話す5歳以上の人々の英語の熟達度についての調査結果を報告している。この調査は英語の熟達度を大変よく話せる，よく話せる，あまり話せない，話せない，の四項目に分類している。ニューヨーク州では54.3％は大変よく話せる，20.9％はよく話せる，17.4％はあまり話せない，そして7.4％は話せないと答えた。

　このような地域の特性は図書館が提供するサービス内容に顕著に反映されている。ニューヨーク公共図書館では移民を対象にしたサービスが多数行われている。英語教育プログラムに限らず，英語をオンラインで学習するツール，移住ビザについての講習，アメリカに移住してきた人々への敬意を示すイベント，市民権についての講義などの取り組みが行われている。そして移民が多く住んでいる地域にある図書館は情報を提供する場所であるだけでなく，社会的参加の入り口としてとらえることができる。

第4節　移民サービスとしての英語教育プログラム

　図書館が果たしてきた役割を考えるにあたり，ニューヨーク公共図書館の移民へのサービスを取り上げることにしたい。公共図書館は地域の特性に合わせたサービスが求められている。そこでニューヨークの人種のデータをみておくことにしたい。

表8-1　ニューヨークの人口と人種

	ニューヨーク市	ニューヨーク州
人口（人）	8,336,697	19,570,261
白人（％）	44.0%	65.7%
黒人，アフリカ系アメリカ人	25.5%	15.9%
ネイティブ・アメリカ人，ネイティブ・アラスカン	0.7%	0.6%
アジア系	12.7%	7.3%
ネイティブ・ハワイアン，その他の太平洋諸島の人々	0.1%	0.0%
二つ，またはそれ以上の人種から構成される人々	4.0%	3.0%
ヒスパニック，またはラテン系	28.6%	17.6%
白人のみ，ヒスパニック，ラテン系を除く	33.3%	58.3%

出所：United States Census Bureau 2012, "New York City Quick Facts" より一部抜粋。筆者訳。

　このデータからは多様な異なる文化背景を持つ移民が混在するニューヨークの現状が明らかになる。また先に取り上げた United States Census Bureau (2010) の調査報告からもわかるように，自宅では英語以外の言語で話している移民が多く，語学能力の欠如は移民にとってアメリカで暮らしていくうえで大きな障害となっている。

　ニューヨーク公共図書館は実施している移民サービスについてホームページで以下のように紹介している。

> ニューヨーク市の労働市場において移民は重要な役割を果たしており，2000年の調査によると，ニューヨーク市内の労働市場の43％が移民に頼っている現状となっている。しかし，彼らの会話能力の低さのため，移民たちはたいてい給料が低い仕事についている。それ故，英語能力と市民としての法的資格の需要がいまだに高い。

　このような状況にあるニューヨークの移民にとって英語教育は必要とされており，図書館によって提供されるさまざまなサービスの中でも英語教育サービスが大きな意味を持っていることになる。ニューヨーク公共図書館は図書館における移民サービスについて，次のように続けている。

これまでに図書館が提供する英語教育プログラムに，70ヶ国以上の移民が登録している。図書館が提供する授業は，英語を母国語としない移民に文化，政府，教育システムの理解を深めさせるだけでなく，図書館に無料でアクセスすることができることから，さらなる理解のためのサポートを行う。英語教育プログラムの需要が高く人気が高いため，クラスが不足している現状である。成人した移民が生活する際に最も直面する問題は英語の必要性である。英語教育プログラムについては需要が高いため抽選が行われている。多くの移民が受講したいと願っているにもかかわらず，参加できない状況にある。

この文章からニューヨーク公共図書館の英語教育プログラムに対して多大なニーズがあることが分かる。図書館は移民の現状を把握し，英語教育プログラムを図書館で実施することで異なる文化背景を持つ移民の多様なニーズに対応し，学びの場を提供していることが理解できる。

第5節　ニューヨーク公共図書館における英語教育プログラムについて

　ニューヨーク公共図書館における英語教育サービスとは英語を第二言語として話す人を対象とした無償の英語教育プログラム（English for Speakers of Other Languages：ESOL）のことである。英語教育プログラムに参加するには最初に図書館が主催しているインフォーメーション・セッションに参加しなければならない。セッションでは英語教育プログラムについての説明が行われ，希望の日時や時間に合わせて授業を登録する。英語教育プログラムの対象者は16歳以上であり，子どもを授業に連れてこないこと，身分証を必要としないことなどが授業の参加条件となっている。

　英語教育プログラムの授業はブロンクス，マンハッタン，スタテン島の指定された図書館で行われる。図書館は受講者の英語力に合わせた資料を提供し，

メディア教材やコンピューター教材を授業で使用し，学習者が興味を持つような教材を利用する。授業は英語教育を専門とした教員やボランティアが行う。英語教育プログラムは一年中行われ，10週間が一つのサイクルとなっている。英語教育プログラムは週に2回，各2時間程度行われ，平日だけでなく土日にも開催されている。

　生涯教育の一環として図書館で行われている英語教育プログラムは言語を教えるだけでなく様々な役割を担っている。特に学校に通わずに働いている成人にとって図書館は貴重な資料や情報を得ることができる場である。ニューヨーク公共図書館の英語教育プログラムは16歳以上を対象としているので，義務教育課程ではない人々や，また移住したばかりの人は図書館で幅広い情報を得て，関心がある分野における知識を深めることが可能である。このように，図書館は人々のニーズを把握し，地域を支える拠点として機能している。

　文化施設である図書館のサービスは多様な民族が交錯するニューヨーク市において社会に関わるための重要な拠点になっている。生活に必要な知識を得る場所としての図書館は様々なツールを与え，人々は情報を得ることが出来る。また図書館は異なる文化や人々を引き合わせる場所を提供することで，同じような状況におかれた人々にアメリカ社会を理解するきっかけを与える。

第6節　教育プログラムのプロモーションについて

　ニューヨーク公共図書館ではさまざまな取り組みが行われており，本論で取り上げている英語教育プログラムも数多くある教育的取り組みの一つである。ニューヨーク公共図書館はどのようなプログラムを提供しているか，誰がそのサービスをいつ受けることができるかなどについて，さまざまな媒体を活用し幅広くプロモーション活動を行っている。

　英語教育プログラムを例にあげるとプログラムに関するチラシが図書館に置かれていたり，プログラム関係者が実際にビラを配ったりしていた。その他にも，ニューヨーク公共図書館のホームページには英語教育プログラムの授業に

ついての情報などが詳細に載せられている。また，英語教育プログラムに限らず移民を対象にしたプログラムや，すべての人々に開かれた図書館の取り組みをホームページから調べることが可能となっている。

近年では，ソーシャル・ネットワーク・サービス（SNS）を用いたプロモーションが多くみられる。このソーシャル・ネットワーク・サービスとはフェースブック，ツイッター，そしてグーグル＋を指している。ソーシャル・ネットワーク・サービスは教育プログラムの宣伝に限らず，お勧めの本やニューヨーク公共図書館に関するニュース，地域に関するニュースなどさまざまな情報を配信している。

しかし，課題がないわけではない。英語を理解できない移民にとって図書館にアクセスする方法が必要である。図書館のホームページは英語で書かれており，提供プログラムの内容が理解できないことが危惧される。広範な移民を含む地域住民にサービスを提供するにはプロモーション機能の中に英語を読めない人々へのアプローチの方法の検討が必要であろう。

第7節　先行研究の概観

ニューヨーク公共図書館が提供する移民に向けての教育サービス（英語教育プログラム）を考えるうえで重要な研究としてアメリカの文化施設の教育的役割の中で文化施設が提供するサービスの役割についての先行研究，そして図書館の教育プログラムや図書館の役割に焦点を当てた幾つかの先行研究がある。

1. アメリカの文化施設のサービスの役割についての先行研究

文化施設の果たす役割に関しての先行研究としてDavid Carr（2003），Edward W. Taylor（2010）そしてJohn H. Falk（2005）が挙げられる。

Carr（2003, p.66）は理想的なアメリカの文化施設の役割について，文化施設は人々に考える場所を与え，自発的な学びを支援するようなサービスを行うことが望ましいと述べている。また，Lauren Resnickを引用して「英語を読

めるかが問題なのではなく，識字能力が鍵となる文化的実践にどのように携わることができるかを知ることが重要である」(Carr 2003, p.60) と強調し，利用者の社会への参加を推進することは文化施設の役割であるという立場をとっている。

文化施設における教育プログラムについての関連文献として Taylor (2010) の『文化施設における成人教育と学び』，Falk (2005) の『自由選択学習』があげられる。文化施設における成人教育には三つの共通する特徴がある。その特徴とは文化施設が，第1に経験に基づく知識による変化を推進し，学校外教育の実践を行うこと，第2にコミュニティの願望を反映し共有すること，第3として他者との交流や協力によって利用者の理解を深める手助けをすること (Taylor 2010, p.6) である。

Taylor は文化施設の地理的な所在は提供する教育プログラムサービスに影響を与えることを主張し，成人教育は学ぶ意欲のある人々を引きつけ，その人々に影響を与えると示唆した。しかし，問題点として文化施設における教育プログラムや展示は誰の視点から語られているか，また誰の視点が省かれているかについて考える必要があり，文化施設において多角的な視点を提示することは困難を伴うと主張する。

Falk は，文化施設における教育プログラムに参加する意義について「人々が自由選択学習に参加するのは個人のアイデンティティを満たし，世界における自己の価値を確立し，個人の知的・感情的ニーズを満足させるためである」と述べた (Falk 2005, p.266)。Falk は自由選択学習を「個人が自己の学習について重大な決定権をもっている学習形態」(Falk 2005, p.270) だと定義づけており，図書館における学びも自由選択学習の一つだと言える。

2. 公共図書館の教育サービスと役割についての先行研究

アメリカの図書館サービスと役割の変化についての先行研究として Stephen Stern (1991)，Nancy Kranich (2005) そして Diantha Schull (2004) の研究がある。Stern の論文はアメリカの図書館の役割の変容を移民へのサービス

を通して述べている。Stern は民族的マイノリティを対象とした図書館サービスを取り上げ，それぞれの社会的背景の変容に適するように変化した図書館サービスの在り方を四つの時代に区分して述べている。

具体的には，1900 年代から 1940 年代の外国生まれのアメリカ移民に対しての図書館サービス，1940 年代から 1960 年代の文化や国籍の異なる民族同士が寛容に対応することができるような異文化間理解を推進した図書サービス，1960 年から 1980 年の社会的・経済的不利な状況におかれた人々への図書館サービス そして 1980 年代の民族図書館が増える時代においては民族的マイノリティだけでなくすべての人々のニーズに対応することが求められた図書館サービス，というように時代ごとの変化を分析している。

次に 21 世紀における図書館の役割について Kranich と Schull の論文を取り上げる。 21 世紀に入り，図書館がコミュニティーを築き，地域の問題解決の一助になることが求められることが増えた。Kranich は図書館の役割はすべての人に情報を開示するだけでなく，民主主義を支え，市民参加を推進し，さまざまな革新的プログラムを提供することだと述べた。公共図書館は市民が社会環境に慣れるような援助をするものとして機能し，市民が問題を理解し，問題解決に至るまでの方法を探す手伝いをしないといけないと主張した。また Kranich (2005, p.94) は，図書館や図書館司書は市民が情報を得ることができるために必要な技術を発展させ，その情報を効果的に使えるようになる機会を提供することが求められていると述べた。

この視点と類似するのは Schull の論文である。Schull は図書館の掲げるミッション・ステートメントに「市民がより社会に参加できるように援助する」(Schull 2004, p.56) という一文が多いことに着目し，21 世紀において図書館の役割は人々が集まる地域のコミュニティ・センターとして，地域住民を助け，人々や地域が一つになれるような関心を探すことであるという側面を強調した。

グローバル化する現代において，ニューヨーク公共図書館が提供するサービスである教育プログラムがどのように移民や移動する人々のニーズにつながっ

ているか，また住民が様々な課題をどのように解決していくのかを検討することは，外国生まれの住民が増えることが予想される今後の日本においても意義がある。本章で取り上げたニューヨーク公共図書館の英語教育プログラムの試みは今後の日本における日本語教育プログラムにも参考になると考えられる。

さらに，英語教育プログラムに限らず，図書館が如何に人びとの求めるものを提供することができるのか，また人は如何に図書館で学ぶことができるのかなど，今後の図書館のあるべき姿についても，ニューヨークの公共図書館の試みは日本でも参考になると考えることができる。

注
本文中の欧文文献からの引用箇所「　　」はすべて筆者訳である。

［欧文文献］
Carr, D. (2003), *The Promise of Cultural Institutions*, Lanham, MD : AltaMira Press.
Falk, H. J. (2005), "Free-choice Environmental Learning : Framing the Discussion," *Environmental Education Research*, Vol.11 No.3.
Kranich, N. (2005), "Civic Partnerships : The Role of Libraries in Promoting Civic Engagement," *Resource Sharing & Information Networks*, Vol.18 No.1-2.
New York Public Library (2013), *Free English Classes for Speakers of Other Languages*, Hand-out distributed during information session.
Resnick, L. (1990), "Literacy in School and Out," *Daedalus*, Vol.119 No.2.
Schull, D. (2004), "The Civic Library : A Model for 21st Century Participation," *Advances in Librarianship*, Vol.28.
Stern, S. (1991), "Ethnic Libraries and Librarianship in the United States : Models and Prospects," *Advances in Librarianship*, Vol.15.
Taylor, W. E. (2010), "Cultural Institutions and Adult Education," *New Directions for Adult and Continuing Education*, Vol.127.
Weil, S. E. (2004), "Rethinking the Museum : An emerging New Paradigm", In G. Anderson (ed.) *Reinventing the Museum : Historical and Contemporary Perspectives on the Paradigm Shift*, Lanham, MD : AltaMira Press.

[ホームページ]

New York Public Library (2013), Immigrant Services, Retrieved on 15 August. http://www.nypl.org/help/community-outreach/immigrant-services.

New York Public Library (2013), NYPL's Mission Statement, Retrieved on 15 August. http://www.nypl.org/help/about-nypl/mission.

United States Census Bureau (2010), Language use in the United States : 2007, American Community Survey Reports [data file], Retrieved on 15 March, 2012. http://www.census.gov/prod/2010pubs/acs-12.pdf.

United States Census Bureau (2012), New York City Quick Facts from the US Census Bureau [data file], Retrieved on 15 August, 2013. http://quickfacts.census.gov/qfd/states/36/3651000.html.

編著者紹介

村上 薫（むらかみ かおる）
MBA. 社会学修士
現在，神戸市外国語大学・追手門学院大学等で教鞭。大阪観光大学観光学研究所客員研究員。
専門：国際経営戦略・サービスマーケティング・医療福祉経営・ベンチャーリスクマネジメント
執筆：『ベンチャーハンドブック』関西ベンチャー学会編，ミネルヴァ書房，「病院のベンチャー的海外進出診断フレームワークの理論的再構築」など多数
関西ベンチャー学会常任理事・学会誌編集委員長

サービスの国際化とマーケティング
― モノつくり大国からサービス大国へ ―

2014年3月10日 第1版第1刷発行

編著者：村上 薫
発行者：長谷 雅春
発行所：株式会社 五絃舎
　　　　〒173-0025　東京都板橋区熊野町46‐7‐402
　　　　Tel & Fax：03‐3957‐5587
　　　　e-mail：h2-c-msa@db3.so-net.ne.jp
組　版：Office Five Strings
印　刷：モリモト印刷
ISBN978-4-86434-031-1
Printed In Japan　検印省略　ⓒ　2014